넌 대리해!
난
사장할게!

청년 기술창업 매뉴얼

KI신서 3398

넌 대리해! 난 사장할게!

1판 1쇄 인쇄 2011년 5월 27일
1판 1쇄 발행 2011년 6월 03일

지은이 올댓스토리/고영리 **펴낸이** 김영곤 **펴낸곳** (주)북이십일 21세기북스
출판콘텐츠사업부문장 정성진 **출판개발본부장** 김성수 **경제경영팀장** 류혜정
마케팅 · 영업본부장 최창규 **마케팅** 김보미 김현유 강서영 **영업** 이경희 우세웅 박민형
기획 중소기업청 창업진흥원 올댓스토리
자문 김현진 양영석 황보윤
디자인및 편집 베스트셀러바나나(**아트디렉터** 김준현 **디자이너** 강미정 조하나)
사진 박건주
일러스트 강성일 김상인 노준구 변영근 성낙진 이윤희 임성구 정원교 Jehyung

출판등록 2000년 5월 6일 제 10-1965호
주소 (우413-756) 경기도 파주시 교하읍 문발리 파주출판단지 518-3
대표전화 031-955-2100 **팩스** 031-955-2151 **이메일** book21@book21.co.kr
홈페이지 www.book21.com **21세기북스 트위터** @21cbook **블로그** b.book21.com

© 2011, 올댓스토리

ISBN 978-89-509-3154-4 13320

넌 대리해!
난 사장할게!

청년 기술창업 매뉴얼

지은이 올댓스토리/고영리

21세기북스

도움주신 분들

» **중소기업청 서승원 국장님** 기획부터 완성까지, 카리스마와 추진력으로 프로젝트 전반을 잘 이끌어주셨지요. 고맙습니다.

» **중소기업청 이병권 과장님** 많은 사람들이 움직이는 프로젝트에서 중심 잡아주시느라 노심초사! 숨은 조율자의 능력에 감사드립니다.

» **중소기업청 김호진 주무관님** 수시로 대전과 서울을 오가며 꼼꼼히 검토하고 피드백 하시느라 애쓰셨습니다. 칼같이 정리해서 촤라락 일을 뿌리는 모습은 마치 무협소설에 나오는 내공 100갑자의 고수 같았답니다.

» **창업진흥원 김경재 박사님** 드러나지 않게 물심양면 재빠르게 움직이며 도와주신 것도 감동! 요청한 자료는 즉각 즉각 넘어 오는 센스까지. 이번 프로젝트의 숨은 공로자이십니다.

» **호서대학교 황보윤 교수님** 가지고 계신 자료와 정보에 대해 대단한 프라이드를 느낄 수 있었습니다. 원석이라 표현하신 그 정보들을 이번 프로젝트를 위해 기꺼이 나눠주신 것에 대해 모두들 감동을!

» **한밭대학교 양영석 교수님** 창업만이 희망이다! 창업 교육만이 성공을 보장합니다! 라는 말씀이 내내 뇌리에 남는 양영석 교수님. 창업과 창업 교육에 대한 일이라면 밤낮도, 주말도, 연휴도, 개인 일정도 상관 없이 뛰어들어 열정을 불태우시는 모습에 감탄만 나왔습니다.

» **(주)레인디 김현진 대표님** 늘 만나면 반성을 하게 만드시는 레인디의 김현진 대표님. 직접 몸으로 부딪히고 느낀 창업 초기의 생생한 경험을 없는 시간 쪼개가며 적극적으로 나눠주셔서 이 프로젝트가 끝까지 올 수 있었습니다. 무지하게 괴롭혀 드렸는데 그때마다 불편함 없이 기꺼이 도와주셔서 너무 감사해요!

» **(주)아이토닉 박성준 대표님** 한밤중(?!)에 불쑥 찾아가서 인터뷰 요청을 드렸음에도 불구하고 창업 초기의 친구들에게 도움이 된다면 얼마든지 괜찮다며 맞아주신 아이토닉의 박성준 대표님. 차분하고 조용히 노하우를 나눠주시고 이것저것 고민하는 모습을 보여주셨지요.

» **연세대학교 창업센터 박소영 과장님** 아침 미팅을 아홉 시로 잡으면서 전날 오후 일곱 시에 전화 드렸음에도 불구하고 흔쾌히 인터뷰 요청을 수락해주신 시원시원한 우리 과장님. 섣부르게 창업에의 푸른 꿈을 꾸는 것보다 잘 준비해서 제대로 된 창업인을 만들어야 한다는 말씀이 내내 남습니다. 보육센터에서 키워내는 미래의 기업인들. 기대할게요 과장님!

» **베스트셀러바나나 김준현 실장님** 일정도 1/3토막. 인력 수급도 단군이래 가장 불가능했던… 하여간 폭탄도… 매머드 급 수소 폭탄을 와장창 떨어트렸음에도 불구하고 불굴의 의지와 책임감으로 비주얼 디렉팅을 책임져주신 김준현 실장님. 그 많은 일러스트 작가들의 그림을 하나하나 고민해서 조율하시느라 한 달 사이에 십 년치 고생을 하셨지요. 하지만 이번 일로 하나 깨달은 게 있답니다. 절대 실장님 바짓가랑이 잡고 놓지 말아야지! 라는 거. 다음에도 또 함께해요 우리!

» **시공사 유영준 팀장님** 프로페셔널함으로 무장하신 시공사의 유영준 팀장님. 팀장님의 번개 같은 교정이 없었으면 백배쯤 힘들었을 거에요. 그리고 이 자리를 빌어서, 식사하실 때, 쉬실 때, 퇴근하실 때, 가족들 놀러가고 혼자 계실 때, 칼같이 타이밍 맞춰서 도움 요청 드린 거… 그거 진짜 알고 그런 거 아니에요. 그러니까 저희 버리고 코트디부아르로 이민 가시면 아니 되어요.

목차

Act I - Scene 1 :
Start the business
사업 시작하기

"모든 위대한
사업은
최초에는
불가능한 일이라고
했던 것들이다."
- 카알라일

photograph by Park Gun-ju

모두가 가지고 있는
창업 DNA

명절 날, 일가친척이 모두 모여 둘러앉은 풍경을 한번 상상해 봅니다.

누구는 어느 대학을 갔네, 어디에 취직을 했네, 결혼하는 큰 조카는 이번에 날 짜를 잡았고, 사촌 누나는 어학연수를 가고… 서로 근황을 묻고 챙기며 즐거 워하고 축하합니다.

그때, 묵묵히 자리를 지키고만 있는 '누군가'에게 질문이 건네집니다.

"별 일 없어? 요즘 뭐 해?"

그 누군가가 대답합니다.

"예, 사업 준비를 하고 있습니다."

그때부터 그 '누군가'는 온 가족의 집중 포화를 받습니다. '사업은 아무나 하는 거 아니라더라', '요즘 경제가 얼마나 어려운데 하필 지금 사업을 시작하나', 사업도 다 때가 있는 거라던데', '그냥 남들처럼 얌전히 직장이나 다니지 그라냐' 등등. 그리고 그 모든 근심걱정의 방점을 찍어주는 것은 그 집안의 가장 큰 어른이 던진 바로 이 대사입니다.

"사업하는 사람은 하늘에서 내는 겨!"

다들 고개를 끄덕끄덕하면서 동의하지요. 결국, 사업을 준비하고 있다고 대답한 '누군가'는 말 꺼낸 본전도 못 찾고 스윽 구석으로 숨어버리게 됩니다.

가끔 동물들을 주인공으로 한 텔레비전 프로그램을 보다 보면 기가 막힐 만큼 학습이 잘 된 동물들이 의외로 많다는 것을 알 수 있습니다. 코로 그림을 그리는 코끼리부터 말을 하는 새, 주인의 필요를 알고 즉각적으로 대응하는 애완동물들까지…. 가만히 보다 보면 '거참, 사람보다 낫구만' 하는 소리가 절로 나올 정도로 기막힌 재주들을 가지고 있습니다.

동물들이 이런 재주들을 부릴 수 있는 건 바로 오랜 학습 덕분입니다.

사람이라고 다를까요? 오래 전부터 전해오는 말이 있습니다.

'도둑질 빼고는 다 배워둬야 한다.'

동물이건 사람이건 제 구실을 하기 위해서는 많은 것을 배워야 한다는 것입니다. 그런데, 유독 '학습'이라는 단어가 힘을 못 쓰는 분야가 있습니다.

어떤 것이 그럴까요?

답은 바로 사업이라는 분야입니다.

사업을 하면서 '열심히 배워서 하겠습니다!'라고 얘기하면 백 명 중 백한 명은 크게 비웃으며 입을 모아 이렇게 말할 것이 뻔합니다.

"사업은 운인데 배우긴 뭘 배워? 오죽하면 사업가는 타고나야 한다고 하겠어!"

뭐, 꼭 틀린 말은 아닙니다.

사실 아무나 사업을 할 수 있는 건 아니니까요. 왜, 우리가 어렸을 때 읽었던

사업가는 타고나야 한다고?

박태환이 처음부터 수영 선수였을까요? 김연아는 태어날 때부터 스케이트를 잘 탔을까요?

아마 그들도 처음에 시작할 때는 물 위에 뜨는 것부터, 얼음 위에 서는 것부터 배웠을 것입니다. 꾸준한 훈련과 단단하게 다진 기본기, 수많은 경험들이 쌓인 후에야 비로소 마린보이와 은반 위의 여왕이 된 것이지요. 사업도 마찬가지입니다. 위대한 사업가는 타고나는 거라 생각하는 것은 기업가 정신의 단편적인 면만을 보았기 때문에 나올 수 있는 말입니다. 높은 위험과 불확실성을 무릅쓰고 사업에 도전해서 높은 성과를 올리는 동물적 감각 말이지요. 하지만 이러한 용기가 발현되려면 그 용기를 뒷받침해주는 무언가가 있어야 합니다. 바로 학습입니다. 기업가의 능력을 배양하는 것은 무조건적인 도전을 통한 시행착오적 경험보다는 많은 경험과 노하우에 의해 축적된 직관력(Intuition), 그리고 알고리즘(Algorithm)이라는 과학적 학습에 의해 배양된다고 합니다. 강조하자면, 사업가는 타고나는 것이 아니라 사업에 대한 기본적인 학습을 통해 사업수행 능력을 배양하고 이에 기반을 둔 수많은 실전훈련, 즉 경험과 노하우를 쌓아야 가능하다는 것입니다.

대기업 창업주들의 전기를 보면 거의 무협소설 수준의 내공이 펼쳐지잖아요. 대동강 물을 판 봉이 김선달의 현생처럼, 뚝심과 배짱 그리고 번뜩이는 아이디어로 대한민국 경제를 휘젓고, 세우고, 다지셨죠. 그런 분들의 이야기를 접하다 보면 사업은 분명 하늘이 기회를 베풀고 '운과 때'라는 것도 좀 맞아떨어져야 하고, 시대도 좀 받쳐줘야 하고, 타고난 머리와 배짱도 있어야만 할 수 있는 것처럼 느낄 수밖에 없습니다.

그런데 세상에 변하지 않는 게 어디 있나요?

특히 기술 발전을 기반으로 한 대한민국의 빠른 변화는 경이롭습니다. 젊은 세대들의 즉각적이고 빠른 정보 전달력은 또 어떻구요. 게다가 톡톡튀는 아이디어들은 어쩌나 많은지요!

그래서인지 모르지만 이즈음엔 하늘이 낸 것도 아니고, 남들보다 뛰어난 머리를 가진 것 같지도 않은데 사업에 뛰어드는 사람들을 심심찮게 볼 수 있게 되었습니다.

자신의 생각과 아이디어로 재미있게! 즐겁게! 보람 있게! 살아보려는 사람들이 나날이 늘어나고 있는 겁니다. 문제는 패기와 젊음을 담보로 사업을 시작한 대부분이 실패를 경험하고는 "사업은 무슨! 역시 하늘이 낸 사람이나 하는 거라더니. 옛말 틀린 것 하나 없지."라는 푸념과 함께 사업가의 영역에서 쓸쓸히 사라진다는 것입니다.

그런데 그거 아세요? 사업도 학습이 가능하답니다.

그렇다고 해서 아래와 같은 말을 하는 건 아녜요.

"배우면 무조건 대박이에요!"

"이대로만 하면 성공이에요!"

"공식대로 하면 무조건 성공해요!"

"내 이론대로만 하면 완벽해! 내가 20년 넘게 이것만 연구했거든!"

꿈에 나타나 로또 번호 알려주는 조상님도 아니고, 이대로만 하면 무조건 성공할 수 있다는 말을 누가 감히 할 수 있겠어요? 위와 같은 말들로 열변을 토하는 사람 만나시거든 마음속으로 조용히 그 사람에게 딱지를 붙여 주세요. '몹쓸 사기꾼'이라고.

그렇다면 왜 사업을 배워야 하고, 공식을 알아야 하고, 알고리즘을 머릿속에 넣어야 하고, 순서를 학습해야 하는지 묻고 싶어지시죠?

이유는 딱 하나예요. 실패하지 않기 위해서.

대박을 터트리기 위해서, 큰돈을 벌기 위해서가 아니라 적어도, 실패는 하지 않기 위해 그리고 선배들이 맨땅에 헤딩해가며 깨닫고 빙빙 돌아와야 했던 그 먼 길을 뒤따라 밟지 않고, 정확하고 효율적인 길을 찾아갈 수 있기 위해 배우고, 익히고, 학습하라는 거랍니다.

뭐랄까. 컴퓨터게임의 공략집이라고 생각하면 한결 이해가 쉬워질 겁니다. 가령 두 사람이 똑같은 공략집을 봤다 해도 각자 어떻게 플레이하느냐에 따라 엔딩은 달라지잖아요. 아무것도 모르는 채 삼일 밤낮 붙들고 여기도 탐험하고, 저기도 쑤셔보고, 얘랑도 싸우고, 쟤랑도 붙어서 아이템을 얻는 것이 아니라 공략집에 쓰여 있는 대로 한 놈만 집중적으로 잡는다면 10분 만에 아이템을 얻을 수 있는 것과 비슷하다는 겁니다.

여기, 현우와 빛나라는 이름을 가진 사이좋은 남매가 있습니다. 두 사람 사이에는 진우라는 둘째도 있지만 주인공은 장남 현우와 막내딸 빛나입니다.

사업 알고리즘

사업을 하는 데도 일정한 공식이 있습니다. 이 공식을 지키지 않으면서 사업을 하게 되면 성공보다는 실패할 확률이 높아집니다. 통상 이 사업공식을 사업 알고리즘이라 하는데요, 알고리즘이란 일정한 순서대로 풀어 가면 정확한 답이나 솔루션을 만들어 낼 수 있다는 개념으로 어떠한 주어진 문제를 풀기 위한 절차나 방법을 의미하고 소프트웨어 프로그램을 짤 때는 실행명령어의 순서를 지칭합니다. 특히 알고리즘은 오답이나 에러의 가능성과 수많은 시행착오의 가능성을 줄여주는 과학적 방법론을 의미합니다. 이와 같이 사업 알고리즘이란 사업을 시작하고 성장시키는 데 있어서 지켜져야 하는 일정한 순서로 수많은 사업의 시행착오를 줄여주거나 실패의 위험을 차단해 주는 방법론입니다. 미국 포춘 500대 기업의 성공 요인을 분석해 보면 독특한 기술, 명백한 고객 가치를 제공하는 제품과 서비스, 성장하는 시장, 견고한 비즈니스 모델, 치밀한 방법론의 다섯 가지 요소와 이를 공식화하고 체계적으로 습득해서 실행한 CEO가 있었습니다. 성공한 기업이 되려면 이들 기업가처럼 성공의 공식을 습득, 체화하려는 노력이 필요합니다.

큰 오빠, 현우는 자기 사업을 5년이나 해 온 사람입니다. 가르쳐 주는 사람이 하나도 없어 그야말로 혀 빼물고 죽고 싶은 순간을 수도 없이 넘기며 지금의 자리까지 온 사람이랍니다. 그래서 빛나의 남자친구인 병준이 사업을 하고 싶다며 조언을 구하러 왔을 때, 한편으로는 직접 고생을 해봐야 한다는 마음도 있었지만 자기 고생했던 길을 그대로 밟을 것이 안쓰러워서 고비고비를 넘어 갈 수 있는 팁과 지혜를 아낌없이 나눠 줍니다.

현우의 도움 덕에 병준은 그 어렵다는 창업 3년의 고비를 차근차근 넘어가게 됩니다. 왜, 흔히들 직장 생활에 대해 이야기할 때 3개월만 버티면 1년이 가고, 3년을 버티면 10년은 금세 간다고 하잖아요.

사업도 비슷해 일단 초기 3년을 잘 버텨주면 그 다음에는 전환점이 생기거나 더욱 성장할 기회가 찾아오거나 한다는군요. 그래서 초기 3년이 중요한데, 말 그대로 옹알이하고 간신히 걸음마할 시기에 누군가 곁에서 도와 준다면 한결 빠르고 가볍게 일어설 수 있지 않겠어요?

솔깃하신가요?

그렇다면 현우가 알려주는 팁과 병준이 사업을 해나가는 과정을 함께 지켜봐 주세요.

병준이 사업을 시작하면서 맞는 첫 번째 고비는 바로, 사랑하는 사람의 반대 거든요. 가장 가까운 사람을 설득하는 것으로 시작하는 병준의 사업 시작. 한 번 보시겠어요?

사장 자리가 쉬워 보이니?

"사장이라는 자리가 그렇게 만만하고 쉬워 보여?"

"…"

"왜, 사장들 보니까 죄다 명품에 외제차에 좋은 술에… 그리고 다니는 거 같디?"

"빛나야."

"겉멋이야. 현실을 좀 제대로 봐야지. 나이 서른에 아직도 그렇게 꿈속에서 헤매고 다닐 거야?"

사방이 핑크빛으로 달달하게 물들어 있는 밸런타인데이, 사랑을 속삭이는 연인들로 가득한 커피숍이건만 빛나와 병준의 자리는 싸늘함이 가득합니다.

서빛나.

올해 스물아홉 살의 스마트한 여성입니다.

직장은 첫째도 정년 보장, 둘째도 정년 보장, 셋째도 정년 보장이라는 목표 아래 대학을 졸업하자마자 공무원 시험에 붙어 일찍부터 사회생활을 시작한 덕에 벌써 5년 차입니다. 원래 모험심도 많고 호기심도 많던 그녀가 이렇게 안전제일주의자가 된 것은 사업을 하던 아버지 때문이었습니다. 그녀의 아버지는 말 그대로 잘 나가다가 한번에 말아먹고 하루아침에 알거지가 된, 드라마 같은 사연의 주인공입니다.

그런 아버지 덕분에 차압 딱지도 경험하고, 2년 동안 친척집 더부살이도 해봤습니다. 눈물 젖은 도시락과 물려 입은 교복, 돈이 없어 간신히 참석한 수학여행 등등을 겪어본 빛나가 무서워하는 것은 가난 그 자체보다 뒤를 보장할 수 없는 불안입니다. 그래서 무조건 안전제일주의의 성향으로 변해버린 것입니다. 그녀는 그 흔한 신용카드도 한 장 없고, 주식이며 펀드도 안 하고, 무조건 은행예금과 금붙이 같은 실물 재테크만 합니다. 첫째도 안전, 둘째도 안전이거든요.

반면 빛나의 남자친구인 병준은 젊었을 때 고생은 사서도 한다는데, 잃을 것이 있을 때 한번 도전해보자! 라는 패기로 똘똘 뭉친 서른 살 청년입니다. 원래 학생 때부터 창업에 관심이 많아 교내 창업 동아리에 가입해 활동도 하고 창업진흥원의 도움을 받아 게임 개발이나 프로그램 개발 같은 자잘한 예비기술창업자 지원 사업을 해본 경험도 있습니다. 사실, 졸업하자마자 사업체를 시작하겠다는 마음에 창업보육센터의 매니저와 인터뷰를 한 적도 있습니다. 자신이 가진 훌륭한 아이디어를 갖고 사업에 뛰어들면 금방이라도 대박을 낼 것 같은 꿈에 부풀어 매니저와 인터뷰를 가졌던 병준은 그 날, 쇼크를 받았습니다. 전폭적인 지원을 해 줄 것이라고 믿어 의심치 않던 매니저가 사업을 말렸기 때문입니다.

병준이 열변을 토하며 사업 계획을 이야기하는 동안 그의 말을 묵묵히 끝까지

창업의 현실은 핑크빛? 잿빛!

통계청이 내놓은 '2004~2009 사업체 생성·소멸 현황분석' 자료에 따르면, 연평균 1만 7,835개의 사업체가 순수하게 늘었습니다. 매년 59만 5,336개의 사업체가 문을 열고, 57만 7,501개의 사업체는 휴·폐업 한 것이지요. 또한, 이 분석 자료를 보면, 우리나라의 신규 사업체 10곳 중 7곳이 5년 안에 문을 닫은 것으로 나타났습니다. 지난 2004년 창업한 사업체를 기준으로 3년 뒤 생존율은 45.32%, 5년 뒤 생존율은 33.42%를 보였습니다. 신생업체의 55% 안팎은 3년을 넘기지 못했고 10곳 중 7곳은 5년 안에 문을 닫았다는 의미입니다. 왜 그렇게 많이 망할까요? 조사 결과에 의하면 크게 세 가지 이유라고 하네요. 바로 고객 확보 실패, 적시 사업 자원 확보 실패, 사업 환경 변화에 대한 대처 미흡입니다. 이는 사업을 충분한 시간을 갖고 체계적인 준비와 학습을 하지 않아 사업에 수반되는 각종 위험에 무방비로 노출된 결과라고 볼 수 있습니다.

듣고 난 창업보육센터의 매니저는 병준에게 조심스럽게 취직을 권했습니다. 그러니 쇼크를 받을 밖에요. 창업을 지원해야 할 사람이 취업을 권하는 건 누가 봐도 이해가 안 되는 상황이니까요. 어이없어 하는 병준에게 매니저는 이런 말을 해주었습니다.

"사업체는 사람 키우는 것과 같아요. 아이를 낳은 부모가 이 아이는 아인슈타인이 될 거야! 빌 게이츠가 될 거야!라는 거대한 확신과 꿈으로 키우는 게 아니잖아요. 아이 교육비는 어느 정도가 들지, 사는 동네를 어디로 해야 좋은 학군을 배치받을 수 있을지, 유학을 보낼지 아니면 국내에서 학원을 보낼지… 부모님이 그런 많은 문제들로 고민하며 하루하루 최선을 다해 아이를 키워가듯 사업도 마찬가지예요. 지금 당장 뭐가 될 것 같다는 마음만으로 섣부르게 시작하는 건 좋지 않아요. 그리고 저는 사전 준비 없이 창업을 하는 건 말리고 싶어요. 부모가 여행 대신 혹은 주택 재테크 대신 아이를 낳겠다고 생각하지는 않듯, 사업 역시 뭐 대신 뭐라는 마음으로 할 수 있는 게 아니거든요. 오히려 취직해서 사회생활도 좀 겪고 그 안에서 경험도 쌓고, 인간관계도 만들어 본 사람들이 사업을 했을 때 더 안정적이기도 하구요."

그러면서 매니저는 병준에게 지금 이야기한 사업 아이템은 이미 교내에서도 다섯 명이나 창업을 해 운영하고 있는 흔한 아이템이고, 병준의 말을 들어보니 창업이 절실한 것이 아니라 막연하게 생각하는 것 같아 당장 창업을 하라고 권하지는 못하겠다는 얘기까지 들려주었습니다.

그날, 창업보육센터의 매니저와 인터뷰를 마치고 집으로 돌아온 병준은 한참을 고민한 끝에 창업의 꿈을 접고 은행에 취직했습니다. 연봉도 나쁘지 않고 대우도 괜찮았습니다. 기업대출 파트에 있었기 때문에 하는 일도 꽤 전문적이었고요. 하지만 은행에서 일을 하면 할수록, 사업을 하는 사람들을 만날 때마다 병준은 점점 더 창업에 대한 꿈이 커져가고 있는 자신을 발견했습니다.

결국, 은행을 다니면서 이렇게 저렇게 구상하고 고민해 온 창업 계획을 오늘 연인인 빛나에게 슬쩍 꺼내 놓은 것입니다. 사표를 냈다는 말과 함께요.

병준이 빛나의 반대를 예상하지 못했던 것은 아닙니다. 한 4년쯤 연애를 했으니 빛나가 어떤 것을 싫어하고 좋아하는지 정도는 잘 알고 있으니까요. 하지만 빛나의 반응은 예상했던 것보다 훨씬 더 부정적이었습니다.

병준이 사표를 냈다는 말을 꺼낸 순간, 빛나는 얼굴을 손으로 감싼 채 고개를 푹 숙여버렸고, 병준이 사업을 하겠다는 말을 이어가자 그때부터는 분을 가득 담은 목소리로 병준에게 따지기 시작했습니다.

"대체, 은행이 어디가 어때서 그만두겠다는 거야?"

"은행이 나빠서 그만두겠다는 게 아니야. 내 일을 하고 싶어서 그만두는 거지."

"은행 일을 자기 일이라고 생각하면 안 돼? 그만두고 나와서 뻘밭에 뒹굴어야 그게 일이야?"

"그게 아니라 빛나야…."

"잘 알잖아. 우리 아빠 얘기. 사업은 도박이야. 잘 될 때는 금 구두 신고 춤이라도 출 것 같지? 미끄러지는 거 한 순간이야. 금 구두인 줄 알았는데 그게 칼이 되고 족쇄가 되는 거, 진짜 하루아침에 벌어지는 일이라고. 대체 안정적으로 잘 다니던 직장을 때려치우고 도박판에 뛰어들겠다는 심산이 뭐야?"

"내가 진짜로 즐기면서 할 수 있는 즐거운 일을 하고 싶어. 현우 형처럼…."

"우리 오빠? 우리 오빠가 좋아 보였어? 왜? 남들이 대표님, 대표님 하면서 따라다니니까 뭔가 무지 훌륭한 사람처럼 보였어? 자그마치 5년이야. 요즘에서야 우리 오빠 간신

히 침대에서 잠을 자. 지난 4년간은 내내 소파 아니면 책상 의자에서 잠들었어. 자금 조달하고, 파트너 잃고, 배신당하고, 직원들한테 고소당하고… 내가 볼 때는 지금도 살얼음판이라구. 그런데 대체 뭐가 좋아 보였다는 거야?"

빛나는 여간해서는 멈추지 않을 태세입니다.

빛나의 오빠인 현우는 그들의 아버지가 사업에서 망하고 집안이 기운 후 이십 년째 되던 해에 사업을 하겠다고 선언했습니다. 그때까지 이십 년간 온 가족이 정말 허리띠 졸라매며 간신히 중산층 언저리까지 올라온 딱 그 시점이었습니다. 사실 그때 빛나는 오빠에 대한 원망과 서운함 때문에 일 년 가까이 현우와 말도 하지 않고 지냈을 정도로 사업 그 자체에 대해 부정적이었습니다. 물론 지금도 그렇고요. 솔직히 병준과 결혼까지 생각한 이유 중 하나는 병준이 안정된 직장인 은행에 다니고 있다는 점이었습니다. 빛나에게 있어 남편의 첫 번째 조건은 안정된 수입과 정년 보장이었으니까요.

그런데 드디어 결혼 얘기도 좀 나오고, 상견례를 해야 하나 말아야 하나 이런 얘기가 오갈 그 시점에 병준이 은행에 사표를 내고, 사업을 하겠다고 나서니 빛나로서는 충분히 배신감을 느낄 만도 하지요.

화를 간신히 누르며 자기 할 말을 다 쏟아낸 빛나가 가만히 병준을 쏘아보더니 한숨을 푹 내쉽니다. 원래는 빛나가 이 정도까지 화를 내면 병준은 늘 '그래 내가 미안해.'라는 말로 위로하며 져 주곤 했습니다. 그런데 오늘은 병준도 굳은 눈빛으로 빛나를 보고 있는 게 아니겠습니까. 이게 그냥 해본 소리, 그냥 떠보는 행동이 아니라는 것을 깨달은 빛나는 노선을 바꾸기로 합니다. 살살 달래는 것으로요.

"저기, 꼭 그렇게 자기 일이 하고 싶으면 카페 같은 거 하나 해보면 어때? 은행은 계속 다니면

서 투잡으로. 그 정도면 나도 주말에 도와줄 수 있고, 차리는 데 필요한 돈, 나도 얼마쯤 보탤 수 있을 거 같아. 응?"

"사업이랑… 장사랑 다르잖아."

"다르긴 뭐가 달라!"

"달라. 장사는 그냥 물건을 파는 거야. 10원짜리를 15원에 팔아서 5원의 이득을 남기는 거. 그게 장사야. 하지만 사업은 그게 아니야."

"아니긴! 사업도 어차피 돈 벌려고 하는 거잖아."

"아니야, 빛나야. 사업은 뭐랄까. 비전을 파는 그런 느낌이야. 장사꾼이 물건을 판다면 사업가는 비전을 판다. 뭐 그런 거?"

"그러니까. 여전히 꿈속에 있는 거라고. 사업이 얼마나 피 튀기는 현실인데 거기서 비전을 팔고 꿈을 찾고… 어떻게 그런 말이 나와?"

빛나가 벌떡 일어나 버립니다.

"선택해. 사업이야 나야."

"…"

"결정되면 얘기해 줘. 갈게."

할 말을 다 쏟아낸 빛나는 우두커니 앉아 있는 병준을 홀로 남겨둔 채 카페를 나가버립니다.

혼자 남은 병준은 주변에서 흘낏거리며 속닥이는 시선보다 빛나가 자신의 비전을 함께 해주지 못하겠다고 선언한 것이 더 가슴 아픕니다.

'대체 어떻게 빛나를 설득하지? 사업 시작할 때 제일 힘든 게 주변 사람을 설득하는 거라더니… 정말 시작부터 쉽지 않구나. 휴….'

병준의 얼굴에는 답답함이 가득합니다. 마치 세상에 홀로 떨어져 있는 듯한 외로움이 병준을 가득 감쌉니다.

사업과 장사의 차이, 아세요?

사업가들은 자신을 겸손하게 표현할 때 장사꾼이라는 표현을 종종 씁니다. 사업과 장사, 비슷한 얘기인 거 같지만 상당히 다른 개념입니다. 장사는 자신의 힘이 허락하는 범위 내에서 사업을 시작하고 진행합니다. 따라서 장사인들은 사업자원을 동원하며 자신의 자본(퇴직금, 저축, 자산담보 대출 등)을 먼저 생각하고 자신의 노동력 내지는 가족의 노동력에 의지하며 사업의 투입요소를 확보합니다. 이런 상황이기에 이들은 매출이 발생하면 자신이 모든 파이를 가지게 됩니다 어쩔 수 없이 소규모일 수밖에 없으며 고용창출에도 큰 효과는 없습니다. 물론 이 장사도 자본주의 사회에서 의미를 가지는 행위입니다. 이에 반해 사업가들은 사업을 시작하는 단계부터 자신의 자본과 노동력뿐만 아니라 타인의 자본과 노동력을 활용하는 사업을 진행합니다. 그리고 사업결과로 얻어지는 이익도 사업에 참여한 타인들과 나누게 됩니다. 사업이 장사에 비해 규모도 크고 고용효과도 클 수밖에 없는 이유입니다.

illustration by Jehyung

"사업에 있어서
공격적인 태도는
우리를 헛되이 흥분시킬
뿐이어서,
논리적인 사고력을
상실케 하고,
사람을 다루는 능력을
손상시킨다."
- 디오도어 루빈

Illustration by Kim Sangjin

지금 알고 있는 걸 그때도 알았더라면

쾅!

모처럼 집에 일찍 들어와 신문을 보며 커피를 마시던 현우가 들고 있던 커피 잔을 놓칠 뻔합니다. 현관문 닫히는 소리가 온 집안을 쩌렁쩌렁 울릴 정도로 컸기 때문입니다. 대문이 부서져라 닫으며 들어선 사람은 빛나입니다. 씩씩거리면서 들어온 빛나는 옷이며 가방을 되는 대로 바닥에 던져 놓고 소파에 몸을 푹 파묻고 앉습니다.

"그렇게 해서 어디 대문 부서지겠냐? 무슨 일이야? 병준이 만나는 거 아니었어?"

"몰라. 그런 놈."

"너희 또 싸웠구나. 이번에는 또 뭐야? 뭐가 널 그렇게 화나게 한 거야?"

"미쳤어, 박병준. 미친 게 분명해. 미치지 않고서야 그럴 수가 없어."

"말을 해봐. 대체 왜 그러는 건데?"

"왜 다들 사업을 못해서들 난리야? 진득하게 남이 주는 월급 받아서 사는 건 성에 안 차? 대체 무슨 영화를 누리겠다고 너도나도 사업을 하겠다는 거냐고!"

"병준이가… 사업을 하겠대? 왜?"

"내 말이! 잘 다니던 은행 때려치우고 왜 사업을 하겠다는 거냐고! 올해 연봉도 오를 것 같더니만. 제대로 미치지 않고서야…"

"사업이야 미쳐야 하는 게 맞긴 하지."

"아우, 정말! 속상해 죽겠어. 오빠, 오빠가 좀 말려봐. 응? 아무나 하는 거 아니라고. 그렇게 해줄 거지?"

결국, 빛나는 오빠 현우에게 병준을 말려보라고 조르기 시작합니다.

"말리긴. 다 큰 어른이 결정한 일을 누가 어떻게 말려. 아, 잠깐만 전화 좀 받고… 네, 서현우입니다."

전화를 받은 현우는 순식간에 편안한 오빠의 얼굴에서 깐깐한 사장의 얼굴로 돌변합니다. 그때부터 현우는 빛나가 전혀 알아듣지 못하는 전문용어를 써가며 한참 동안 통화를 합니다. 최근에 신제품을 개발해서 본격적으로 마케팅에 뛰어든다고 하더니 아마 광고 시안이며 카피가 나온 듯했습니다. 식탁 위에 놓여 있던 노트북으로 시안을 검토하고 이렇게 저렇게 고치라는 지시를 내린 현우는 전화를 끊자마자 또 다른 사람과 통화를 시작합니다. 이번에는 영어입니다. 해외 파트너와 지금까지의 진척 사항을 공유하며 현우는 몇 주 뒤 워크숍을 겸해서 전 직원과 함께 찾아가겠다는 약속을 잡습니다. 현우는 마치 온몸에서 에너지가 흘러나오는 사람처럼 활기차 보입니다. 그리고 빛나는 그런 현우를 가만히 바라보고 있습니다. 현우가 마침내 긴 통화를 끝냅니다.

"미안해. 갑자기 컨펌을 해달라는 연락이 와서 얘기가 끊어졌네."

"괜찮아. 일인데 뭐, 그런데 오빠 여행 가?"

"여행이라기보다는… 워크숍 겸 직원 단합대회 겸 어디를 가긴 해야 하는데, 마침 우리 파트너가 홍콩에 있거든. 그래서 다 함께 다다음 주에 3박 4일 정도로 갔다 오려고. 겸사겸사 갔다 오는거지."

"좋겠네, 직원들은."

"내가 더 좋아."

"왜? 여행 가고 싶었어?"

"아니, 뭐랄까. 마치 내 가족에게 해줄 수 있게 돼서 진심으로 기쁜 그런 마음이랄까? 너도 알다시피 우리 직원들, 지난 몇년 동안 다들 밤낮도 없고, 주말도 없이 일했잖아. 월급이 많은 회사도 아닌데 다들 나를 믿고, 미래를 믿어 주고 같이 와 준 사람들이니까. 그런 사람들이랑 처음으로 가는 해외 워크숍이라 그런지 기분이 너무 좋아. 아마 우리 회사에서 내가 이번 워크숍을 제일 많이 기대하고 있을 거야."

"듣고 보니 이해되네. 그래도 난 여전히 직원들이 부럽다. 오빠 같은 사장이 어디 있어?"

"사장은 무슨, 머슴이지. 우리처럼 기술 기반으로 사업하는 회사는 기술 가진 사람이 주인이야. 직원들이 사장이고. 나는 명함만 사장이지 완전 머슴이라는 심정으로 일하고 있어. 또 그래야 한다고 생각하고. 작은 회사일수록 그래야지 안 그러면 직원들 떠나고 회사 망하는 건 한순간이거든. 주변에서 그런 걸 너무 많이 봐와서… 난 지금도 매일 '나는 사장이 아니라 머슴이다.'라고 생각하고 다짐하는걸."

담담하지만 얼굴에 기쁜 빛을 가득 담고 이야기하는 현우를 보며 빛나는 곰곰이 생각에 빠졌습니다.

"오빠. 오빠는 사업하면서 뭐가 제일 힘들었어?"

빛나의 물음에 현우는 일단 피식 웃습니다.

"안 힘들었던 게 없었다고 얘기하는 게 더 정확한 거 같은데. 정말 하나에서 열까지 다 힘들었어. 지금 생각하면 굳이 그렇게 돌아가지 않아도 될 길을 돌아갔던 것도 있고. 한마디로 맨땅에 헤딩, 꽤 했지."

"그래? 예를 들면?"

"음… 너도 알다시피 내가 돈이 없어서 자본금을 조금밖에 마련하지 못한 상태에서 사업을 시작했잖아. 처음에는 일단 시작하는 게 중요하다고 생각해서 질렀는데, 막상 지내다 보니까 자본금이 적은 게 여기저기에서 턱턱 걸리는 거야. 지원을 받으려고 해도 자본금 자체가 적으니까 지원 금액이 적고, 돈이 없으니까 뭘 선뜻 하기도 어렵고… 한 일 년 넘도록 고생하고 나니까 나중에서야 그런 생각이 들더라. 조금 더 준비해서라도 자본금 5,000만 원 정도는 만들어서 시작하는 게 나을 뻔했다는 생각. 뭐, 지금 후회해 봐야 소용은 없지만 만약 사업을 시작하려는 사람이 있으면 이 자본금 얘기는 꼭 들려주고 싶지."

"힘드니까 하지 말라고 말리고 싶은 생각은 없고?"

"글쎄. 난 직장 생활보다 지금이 더 좋거든. 개인 차이는 있겠지만 사업하겠다는 걸 굳이 말릴 필요는 없지 않겠어?"

"그렇구나. 그럼 오빠는 지금 행복하다는 거네?"

"응, 행복해. 내가 왜 세상에 태어났는지를 알게 해줘. 사업은."

일말의 망설임도 없이 사업이 즐겁고, 그것 때문에 행복하다는 현우를 보며 빛나는 몇 시간 전의 병준을 떠올립니다.

자기가 얼마나 오랜 시간 사업을 준비해 왔는지,
어떤 아이템으로 사업을 할 것인지,
회사 이름은 뭐라고 지을 것인지,
누구에게 무엇을 팔 것인지,
어떤 계획을 세워 놓았고, 누구를 만나서 어떤 순서로 일을 할 것인지,
병준은 빛나가 호응해 주기를 바라면서 차근차근 자기가 계획한 기술 창업에
대해 이야기를 들려주려고 했습니다. 그리고 그때 병준의 얼굴이 꼭, 지금 행
복하다고 이야기하는 현우처럼 반짝거렸다는 것을 빛나는 뒤늦게 깨닫습니
다. 잠시 망설이던 빛나가 현우에게 말합니다.

"오빠. 병준이를 한번만 만나 주면 안 돼?"

"왜, 사업하지 말라는 얘기해 달라고?"

"그랬으면 좋긴 하겠는데… 어쨌든 한번 만나보고 오빠가 봤을 때 싹수가 보이는지 아닌지만
이라도 좀 판단해 줘."

"무슨 사업을 하고 싶은 건지는 들었어?"

"몰라. 뭐라고 막 설명을 하기는 했는데, 아까는 내가 너무 화가 나서 듣는 둥 마는 둥 했거든.
뭐라더라? 무슨 인연을 찾고 뭐 그런 거였는데… 아주 황당하지는 않았던 것
같아. 한번 들어나 봐줘."

"그래. 마침 내일 오전에 조찬회의 끝나고 10시부터 시간이 괜찮으니까 사무실로 오라고 그래."

"응. 고마워 오빠."

현우에게 병준을 만나 줄 것을 부탁한 빛나는 방 안으로 들어와 침대에 털썩
누워버립니다.

'그래. 어쩌면 이게 내가 해줄 수 있는 최선의 일일지도 몰라. 기왕 하려고 하
는 거 먼저 해본 사람한테 멘토링 받고 그러면 좀 낫겠지. 어휴, 모르겠다.'

여전히 뭔가 맘에 들지 않는 듯 침대에서 뒹굴 거리던 빛나가 병준에게 문자
메시지를 보냅니다.

'오빠가 내일 오전 10시까지 사무실로 좀 오래. 갈 수 있어?'

'응, 알았어. 근데 무슨 일로?'

'가보면 알아. 그럼 내일 연락 줘.'

'그래, 알았어. 그리고 난 사업도 너도 포기 못할 거 같아. 이해해 줘.'

병준의 문자를 받아 본 빛나는 심란한 한숨만 푹푹 내쉽니다.

'에이, 모르겠다. 오빠가 알아서 하겠지 뭐.'

빛나는 전화기를 침대 구석으로 던져 버리고는 이불 속으로 푹 파고듭니다.
원래, 스트레스가 쌓일 때는 잠이 최고거든요.

🔌 사부님에게 전수받는 비기의 중요성

1:1로 맞춤형 학습만큼 효과가 좋은 것은
없습니다. 사부님의 노하우를 하나하나
받아낼 수 있기 때문이지요. 그 사부님이
내가 습득해야 할 지식이나 살아가야
할 길을 훌륭히 앞서 간 사람이라면 내가
살아가며 닥칠 모든 위험이나 실패 가능성에
대해 완전한 보험을 든 것과 마찬가지
효과가 있다고 볼 수 있습니다. 특히
수많은 불확실성과 미래 위험이 내재된
사업세계에서 이 사부님은 어두운 길의 등불
같은 존재입니다. 그리고 이런 사람을 통해
사업을 배우는 것이 멘토링입니다. 멘토링은
그리스 신화에서 유래한 말로, 조력자의
역할을 하는 사람을 멘토(Mentor)라고 하며
조력을 받는 사람을 멘티(Mentee)라고
합니다. 개인이 그 역할을 해주기도
하지만 최근에는 대학에서 제공하는 각종
기업가양성 프로그램과
창업대학원의 사장 훈련 프로그램 그리고
중소기업청의 선도벤처기업 멘토링 기반
창업육성 정책 등 기관들도 멘토링의
장점을 활용한 제도를 운영하고 있습니다.

"나는 비교에 대해서는 아무 것도 몰랐지만, 사업을 하면서 비교에 대한 것을 알게 되었다." - J.R 심플랏

나는 정말로 당신을 CEO라 부르고 싶습니다

참 이상한 일입니다. 분명 경험도 제가 더 많고, 쌓아온 노하우도 나쁘지 않을 것이고, 감내해 온 세월도 녹녹하지는 않을 터인데 요즘 젊은이들을 만날 때면 진심으로 놀랄 때가 왕왕 있습니다. 반짝인다. 기발하다. 패기 넘친다. 독창적이다… 그 외의 다른 단어로 규정짓기조차 어려울 정도로 청년들의 에너지는 긍정적이고 희망찹니다.

이들이 가지고 있는 재주와 아이디어가 장차 한국 경제를 이끌고, 세계 경제를 이끌 거라는 굳은 믿음을 불러일으키는 모습들입니다. 그런데 그 이면에는 또 다른 청년의 모습이 존재합니다. 안타깝게도 꽤 많은 청년들이 아직까지 자신들의 에너지를 제대로 발산하지 못하고 있는 것이 사실이니까요. 언젠가부터 청년, 이라는 단어 뒤에는 실업, 88만원 세대, 니트족 같은 말들이 자연스럽게 따라 붙으니, 인생 선배로서 그런 친구들을 보면 안타까운 마음을 금할 길이 없습니다.

우리 때문이겠지요. 먼저 걸어간 선배들이 길을 다져 놓지 않아서, 좀 더 잘하지 못해서 만개할 수 있는 가능성들을 미리 알아보고 격려해주지 못한 탓이겠지요. 앞서 살아온 우리들이 조금 더 똑똑하고 좀 더 열심히 했더라면 지금 어느 회사 사무실에 앉아 있는 한 청년이 애플의 잡스처럼 되어 있거나, 빌 게이츠를 넘는 사람이 되어 있을지도 모를 일입니다. 미안합니다. 하지만 늦지는 않았습니다. 그래서 묻고 싶습니다. 지금이라도 젊은 시절, 그 안에 숨쉬고 있는 아이디어와 기술로 세상을 향해 한번 소리를 질러보지 않겠냐고 말입니다. 할 수 있는 한 도와주겠다고, 든든한 지원 시책과 다양한 방법을 통해 최대한 뒷받침이 되어줄 테니 발판 삼아, 도약대 삼아 한번 날아오르라 말하고 싶습니다.

이 책을 만든 이유입니다. 자신의 아이디어와 기술력을 가지고, 창업준비단계에서부터 안정적인 성장에 이르기까지 앞 서 걸어간 선배들의 노하우를 담았습니다. 시작해 보겠다고, 한번 해보겠다고 결심한 젊은 당신에게, 선배들이 주는 작은 선물이라 생각해 주었으면 좋겠습니다. 부디, 당신의 어깨가 당당해졌으면 좋겠습니다. 꼭, 내가 어디선가 당신을 만났을 때 두 손 꼭 잡고 '만나서 반갑습니다. *** 대표님' 이라고 인사를 건넬 수 있었으면 좋겠습니다.

그리고 무엇보다, 당신이 안에 숨쉬는 가능성을 날개 삼아 전 세계를 향해 날아오를 수 있었으면 좋겠습니다.

그러면 참 행복하겠습니다.

중소기업청장 김동선

그래도 사장, 해야겠어!

다음 날 아침 9시, 잔뜩 긴장한 모습의 병준이 테헤란로 한복판에 우두커니 서 있습니다.

현우를 만나기로 한 약속은 아직 한 시간이나 남았지만, 병준은 벌써 30분 째 길 한가운데 서서 오고 가는 사람들을 보고 있습니다. 사실 여자 친구의 아빠 만큼이나 긴장되는 상대가 여자 친구의 오빠나 남동생 아닐까요. 게다가 현우 라면 병준에게 있어서는 거대한 히말라야 같은, 그런 특별한 존재입니다. 기술 창업 선배인 동시에 모든 면에서 병준이 닮고 싶어 하는 CEO의 모습을 가지고 있기 때문입니다.

한동안 밖에서 서성이던 병준이 현우의 사무실로 들어간 시간은 약속시간 10분 전이었습니다.

"어떻게 오셨어요?"

두리번거리는 병준에게 다가온 한 여직원이 묻습니다. 현우를 찾아왔다고 하자, 여직원은 병준을 현우의 자리로 안내해 줍니다. 사방이 다 트인 공간, 현우의 책상은 그 공간에서도 제일 구석에 자리 잡고 있었습니다. 그리고 현우는 아침부터 뭐가 그렇게 바쁜지 정신없이 전화통화 중이었습니다.

"대표님, 손님 오셨어요!"

"아, 병준이 왔구나. 잠깐만 앉아서 기다려. 아, 그리고 김 이사님 죄송하지만 저는 커피 좀 부탁드리구요. 이 친구도 물이나 주스… 여하튼 마실 것 좀 챙겨 주세요."

알겠다며 사라지는 젊은 여직원이 이사라는 직함을 가지고 있다는 사실에 깜짝 놀란 병준의 시선이 그녀의 뒷모습을 좇아갑니다. 전화를 끊은 현우가 그 시선을 눈치 챈 듯 씩 웃으며 먼저 말을 꺼냅니다.

"우리 회사는 기술을 중심으로 하는 일들을 하다 보니까 젊은 직원들이 많아. 그러다 보니 외부 미팅에 나갔다가 종종 나이 때문에 무시당하고 오는 경우들이 생기거든. 쓸쓸하지만 아직까지는 명함에 파인 직위에 연연하는 사람들이 많아서 말이야. 그래서 우리 직원들 중 외부 미팅을 해야 하는 사람들은 다 이사 직함으로 명함을 만들었어."

"아, 그런 방법도 있네요."

"그런데 의외의 효과도 있는 게, 어린 친구들이 비록 직함이지만 이사라고 불러주면, 거기에 걸맞은 책임감을 가지고 일을 하더라고. 자리가 사람을 만든다는 말도 있잖아. 뭐랄까? 시키는 일만 하는 게 아니라 자기가 생각하고 마음도 쓰고 하면서 일을 하게 됐다고 하나?"

"일석이조네요."

"그렇지. 사실 우리처럼 작은 회사는 무엇보다 사람이 제일 중요하거든. 한 사람이 들어오고

illustration by Jeung Won-kyo

나가느냐에 따라서 그 달 매출이 달라질 때도 있으니까. 그래서 내부관리가 정말 중요하지."

"네. 저… 그런데 오늘은 왜 오라고 하신 건가요?"

"아, 어제 빛나한테 싸운 얘기를 들었거든. 근데 얘기가 좀 길어질 것 같으니까 일단 좀 앉아서 기다려 줄래? 내가 급하게 처리할 일들이 좀 있어서. 그것만 하고 얘기하자."

병준이 그러겠다고 대답한 후 자리에 앉자마자 마치 기다렸다는 듯이 우르르 직원들이 들어와 현우에게 결재를 요청하기 시작했습니다.

매달 나가는 시재에서부터 웹페이지 시안, 연구 결과물 보고서, 바이어에게 나가는 인보이스와 단순 업무보고에 이르기까지 현우는 회사에서 일어나는 모든 일을 듣고, 보고, 이해하고 다시 각 직원들에게 지시를 내리기 시작했습니다. 빠르고 정확하게요.

"김 이사님. 이건 단가가 너무 높은 것 같은데요. 비교 견적은 받아 보신 거죠?"

"최 이사님. 아마 이번 달에 건강보험공단에서 건강검진 대상자들 목록이 나왔을 거예요. 꼭 체크해서 해당되는 사람들 빠지지 않고 검진받을 수 있게 공지해 주세요. 아, 그리고 기본검진 말고 더 받을 필요가 있는 사람들, 회사에서 지원해 줄 수 있는지 복리 후생비에서 돌릴 수 있는 부분도 좀 알아봐 주시구요."

"박 팀장님. 이번 키트는 B to B라기보다는 B to C예요. 건강을 생각하는 일반 고객들이 타깃

이니까 거기에 집중해서 디자인 고민을 좀 해주세요. 제가 볼 때 지금 이건 뭔가… 생긴 게 너무 무기스럽지 않아요?"

마치 컨베이어 벨트에서 순서대로 제품이 생산되어 나오듯, 직원들은 한 사람 한 사람 현우에게 와서 결재를 받고, 의견을 묻고, 대답을 들은 후 되돌아갔습니다. 그리고 현우는 마치 치약 튜브에서 치약이 쭉 밀려나오는 것처럼 조금의 머뭇거림도 없이 직원들 모두에게 가장 적절한 대답을 안겨 주었습니다.

"아이고, 미안하다. 이게 오전 중에 모두 컨펌이 나야 오후에는 사방으로 지시가 떨어질 수 있는 거라. 아침마다 아주 전쟁이다, 전쟁."

한 시간이 넘도록 십여 가지가 넘는 결재를 하나하나 해결한 후에야 현우는 병준 앞에 털썩 앉을 수 있었습니다. 그리고 곧장 병준에게 질문을 던집니다.

"우리 회사가 뭐 하는 회사니?"

"…?"

"우리 회사가 뭐 하는 회사냐고. 알고 왔을 거 아니야."

갑작스런 질문에 병준이 살짝 당황합니다. 사실, 병준은 현우가 하는 일을 자세히 알지는 못합니다. 무슨 키트를 개발하는 기술이 있어서 그걸로 제품을 만들어 내는데, 그 기술이 상당히 독보적이라는 빛나의 말을 들은 게 전부였거든요. 어쨌든 현우의 질문에 대답은 해야 하니 병준은 빛나에게 들었던 대로 주섬주섬 이야기를 꺼냅니다.

"사업을 하겠다는 사람이, 다른 기업을 찾아 올 때는 그 회사에 대한 정보 정도는 기본 아닌가?"

현우의 말에 병준의 얼굴이 불타는 듯 붉어집니다.

"정보 수집은 가장 기본이야. 만약 네가 클라이언트를 만나러 오는 거였다면 우리 회사에 대해 기본 조사는 했겠지. 그런데 여자 친구의 오빠를 만나러 간다는 생각에 그냥 넘어간 거잖아. 하지만 사업하는 사람들은 하다못해 사우나에서조차 사업 아이디어를 얻어낼 준비가 갖춰져 있어야 해. 어디서 어떻게 만난 사람이건 자기 사업에 도움을 줄 수 있는 사람이 될 수 있다고 생각해야 하고. 그러니까 정보 수집은 그런 준비성의 기본이 되는 거야. 그것도 누구나 검색해서 알 수 있는 인포메이션이 아니라 한 단계 더 들어간 인텔리전스 정보들 말이야. 무슨 말인지 알겠니?"

"인텔리전스 정보요?"

"그래. 요즘엔 인터넷을 비롯해서 정보를 얻을 수 있는 루트가 정말 많잖아. 사실 그런 정보는 한번 가공된 것들이거든. 진짜 남들과 차별화된 정보를 얻으려면 사람을 통해 얻어내야 해. 너, 그래서 나를 만나러 온 거 아니야? 창업에 관한 정보를 얻으려고?"

"아, 사실은 빛나가…."

"쯧쯧. 빛나가 가보라고 해서 왔어도 그 사이에 머리를 굴렸어야지. 아, 이 사람에게 창업정보를 쏙쏙 뽑아야겠구나. 이 사람을 이용해서 빛나도 설득해야겠구나. 그러려면 이 사람을 어떻게 녹여야 하지? 대화를 하려면 정보가 필요하니까 일단 회사 정보를 좀 알고 가야겠다. 이런 걸 물어볼까, 아니면 이런 걸 알려달라고 할까. 이런 식으로 계획을 세우고 왔어야 하는 거야. 네가 정말로 사업을 하고 싶은 마음이 있었으면 말이지."

"정말… 한순간에 많은 생각을 하시네요. 사실 그렇게까지는 생각하지 못했어요."

"이게 회사야. 이게 사업이고."

순간 병준은 진지해진 얼굴의 현우를 보며 바짝 긴장합니다. 그런 병준을 보

정보에도 등급이 있다는 사실!

창업자의 관점에서 보면 가장 낮은 단계의 정보수준이 데이터입니다. 말 그대로 데이터는 수, 영상, 단어 등의 형태로 된 의미 단위 자료를 말합니다. 보통 연구나 조사 등의 바탕이 되는 재료를 말하며 관찰이나 실험 등으로 통해 얻어지는 사실들로 이론적 가설을 세우는데 토대가 됩니다. 사업관점에서 보면 인터넷 등 검색을 통해 수집된 수많은 자료들을 데이터로 분류할 수 있겠지요. 이 데이터는 사실을 확인해줄 뿐이지 사업에 직접 접목하거나 활용하는 것은 불가능합니다.

그 다음 단계가 인포메이션입니다. 인포메이션은 수집된 자료를 토대로 자신의 사업특성에 맞는 가공과정을 거친 것으로 이를 흔히 정보라 합니다. 정보는 1차 정보와 2차 정보로 분류되는데 1차 정보는 사업을 추진하는 창업자가 직접 수집하고 만들어 낸 것이고, 2차 정보는 외부기관이나 정부 측에서 만들어 낸 정보입니다. 창업자가 1차 정보를 제대로 수집하기 위해서는 정보의 범위와 내용을 가이드해 줄 사업 알고리즘의 체득이 동시에 이루어져야 합니다. 그러나 인포메이션을 가지고 사업에 필요한 의사결정이나 타인에게 사업을 설명하기에는 설득력과 신뢰성이 부족합니다.

가장 고급 정보가 바로 인텔리전스입니다. 인텔리전스는 사업수행 측면에서 보면 가장 높은 가치를 갖는 정보로 창업자나 회사의 기밀문서 자격을 갖게 됩니다. 인포메이션과 자신이 수행하려는 사업의 전략이 맞물려 가공된 정보로서 바로 의사결정을 하는 원료로 활용됩니다.

며 현우는 말을 이어갑니다.

"남들이 사장이라고 불러 주기는 하지만, 우리 회사에서 제일 바쁘고 이것저것 가리지 않고 다 해야 하는 사람이 나야. 오죽하면 우리 직원들이 나더러 명함부터 다시 파야 한다고 하겠어. 직함에 멀티 잡부라고 적으라고 하더라. 그거 알아? 머릿속에 한 백 개쯤 되는 방이 만들어지고, 그 방마다 각각 완전히 다른 이야기들이 자리 잡고… 필요한 순간에 정확한 방문을 열어서 그 이야기를 끄집어내야 하는 느낌?"

"… 조금은 알 것 같아요."

"그런데 더 중요한 건 한번 열었다 닫은 방문은 다음에 다시 열었을 때는 반드시 달라져 있어야 한다는 거야. 발전을 하거나 반전이 만들어져 있거나, 아니면 아예 다른 이야기로 바뀌어 있거나."

"…?"

"달라지지 않았다면 정체돼 있다는 거고, 그건 곧 퇴보를 의미하는 거니까."

"아… 예."

"이런 식으로 일하다 보면 24시간 머리가 자가 발전하며 떠드는 느낌이 들어. 생각을 멈추고 싶어도 멈춰지지 않는 거야. 생각이 생각을 부르고, 그 생각이 또 다른 생각을 부르거든."

"피곤하지 않으세요?"

"당연히 피곤하지. 나도 사람인데. 하지만 이게 사업이야. 저 밖에 있는 직원들 봤니? 우리 회사에 지금 총 39명의 직원이 있어. 정직원 숫자만 그래. 인턴까지 합치면 자그마치 45명이야. 그런데 그 사람들한테 가족이 두 명씩만 딸려 있다고 생각해 봐. 우리 회사가 망하는 순간, 135명의 사람들이 밥줄이 끊기는 거야. 지금도 난 가끔 어떤 꿈을 꾸게 되면 자다가도 벌떡 일어날 때가 있거든? 135명이 밥그릇 하나씩을 든 채 나만 바라보고 있는 꿈. 나 하나 망하는 건 별로 안 무서운데, 그 사람들이 모두 길거리에 나앉는 걸 생각하면 자연히 생각을 계속 가동하게 되는 거야."

"그러시겠네요. 어찌 좀 무서운데요."

"무섭지. 정말 무서운 거야. 사업이라는 건 말이야."

현우의 말에 병준의 표정이 살짝 어두워집니다.

"사장은, 아니 사업하는 사람은 물 위에 우아하게 떠 있는 백조가 아니야. 미친 듯이 발버둥치는 오리에 가깝지. 그것도 다른 백조들이랑 싸워가며 그 물 위에서 버텨내려는 오리들."

"네. 제가 생각이 짧았어요. 무슨 말씀을 하시는 건지 알 것 같아요."

"먼저, 사업가 마인드를 갖는 게 중요해. 큰 판을 짜고, 그 판 안에 어떤 것들이 필요한지를 배치하고, 배치한 것들이 각각 어떻게 엮여서 움직일 것인지를 고민하고… 그게 사업이야. 그리고 기왕 할 거라면 작게 시작해서 오밀조밀하게 할 생각은 절대 하지 마. 호랑이를 그리려다 실패하면 고양이라도 되지만, 고양이부터 그리기 시작해서 호랑이로 완성시키는 건 어려우니까. 대신 처음부터 많이 생각하고, 배우고 고민하면 돼. 명심해. 마음을 다 하던가 머리를 팍팍 쓰던가 해야 해. 물론 둘 다 같이 하는 게 가장 좋긴 하지만."

"네. 감사합니다. 뭔가 뒤통수를 얻어맞은 느낌이기는 하지만 시원한데요."

"막상 사업을 시작해 봐. 그 놈의 뒤통수 툭 하면 얻어맞아서 나중에는 뒤통수가 사라지는 것 같을 테니."

사업가 마인드

사장이 창업을 해서 수행해야 하는 가장 큰 일 중에 하나가 사업의 가치를 계속 키우면서 예상되는 위험에 대해 적절한 조치를 취하는 것입니다. 우리는 이러한 임무를 수행하기 위해 사장이 사업가 마인드를 갖추어야 한다고 하는데 그 실체는 전략적 사고를 할 수 있느냐의 여부입니다.

"하하하. 정말 그렇게 되나요?"

"어쨌든 오늘 내가 해주고 싶은 얘기가 바로 이 마인드 얘기였어. 기본이거든. 정말 기본 중에 기본. 지난번에 얼핏 들은 것 같은데… 대학교 때 창업보육센터 매니저가 일단 취직부터 해서 사회 경험을 쌓은 후에 창업하라고 그랬다지? 아마 그 분이 하고 싶었던 것도 이 기본 마인드 이야기였을 거야. 창업만 하면 떼돈 벌고 사장님 소리 들을 거라는 환상만 가지고 덤비는 친구들이 정말 많거든. 하지만 사업은 현실이야. 그것도 너무나 잔인한 현실. 일단 기본 마인드가 갖춰져 있지 않으면 시작하기도 전에 망하기 십상이라고."

"네. 감사합니다. 정말 큰 도움이 되었어요."

"난 빛나처럼 창업에 대해 무조건 반대할 생각은 없어. 대신 시작할 거면 열심히 공부해 가면서 하라고 말하고 싶어. 사업도 공부하고 배우고 해야 소위 말하는 삽질을 덜 할 수 있거든. 생각이 정리되고, 마음속으로 갈 길이 정해지면 사업계획서부터 짜서 다시 한번 찾아 와. 내가 도와줄 수 있는 부분은 도와줄 테니."

"우와. 정말 고맙습니다. 저로서는 천군만마를 얻은 기분이에요. 제가 사업계획서 정리해서 조만간 꼭 연락드릴게요."

"지금 같은 경우도, 네 필요에 의해서 나를 잡아야 하는 상황이라면 '조만간'이 아니라 이 자리에서 날짜와 시간을 잡아야 하는 거야. 한국 사람이 흔히 말하는 조만간, 언젠가, 밥 한번 먹자. 이런 얘기가 얼마나 막연하고 허황된 건지부터 알아야 해."

"아, 그러네요. 그러면… 음, 한 보름 뒤에 어떠세요?"

"나야 상관없지. 하지만 보통 미팅 후 다음 아웃풋을 내는 건 일주일 정도로 잡아. 일주일 이상 걸리면 그 일은 잘 안 되는 거라고 생각하게 되거든. 그러니까 너에게도 일주일을 줄게. 다음 주 금요일 10시까지 와. 물론 사업계획서가 일주일 안에 완벽하게 만들어지는 게 불가능하다는 걸 아니까 너무 부담 갖지 말고."

"네! 알겠습니다. 그러면 다음 주에 뵐게요. 오늘 감사했습니다!"

병준은 현우에게 허리 숙여 인사를 하고 일주일 뒤를 기약하며 사무실을 나섰습니다.

기술이 최고라던
진리의 말씀

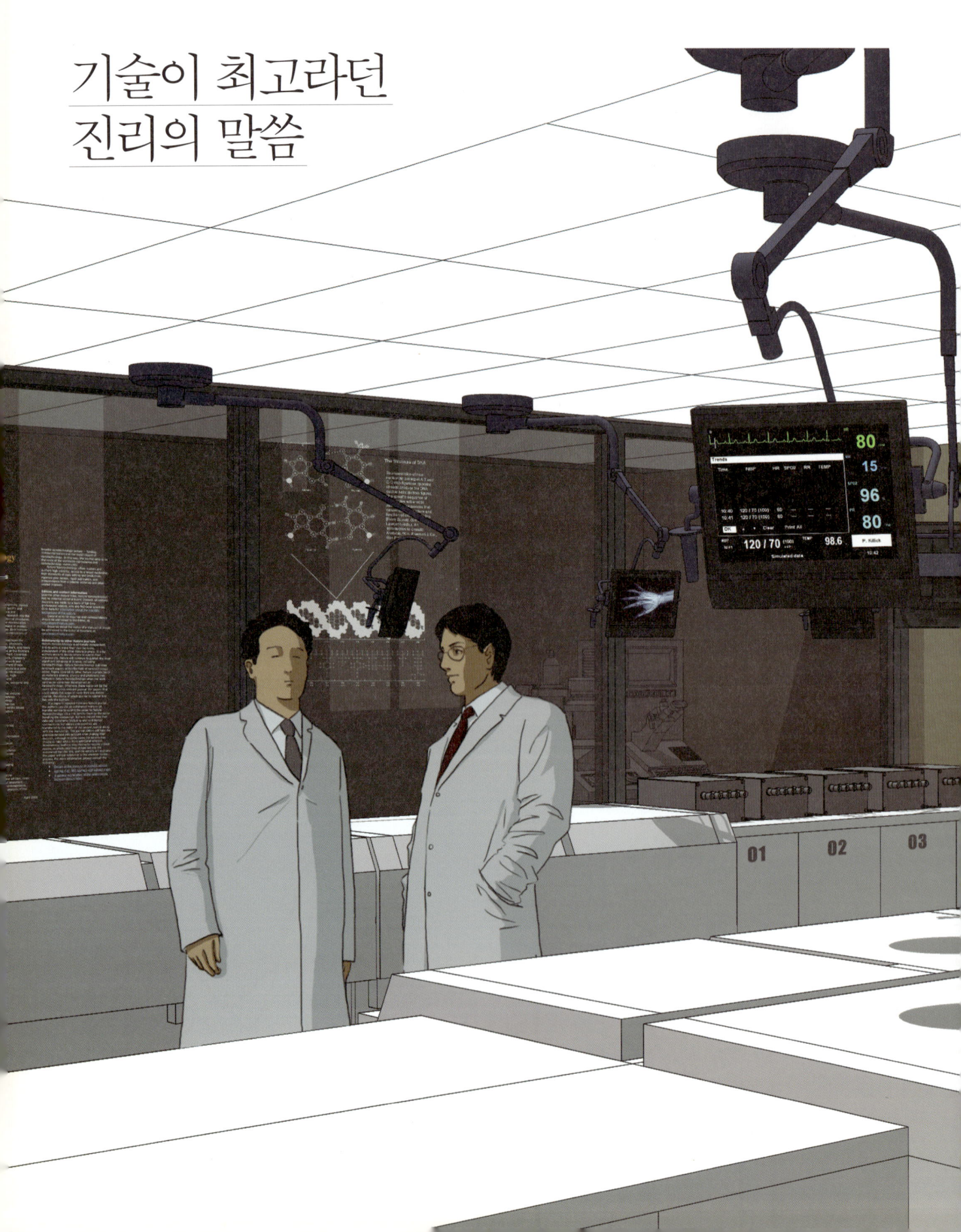

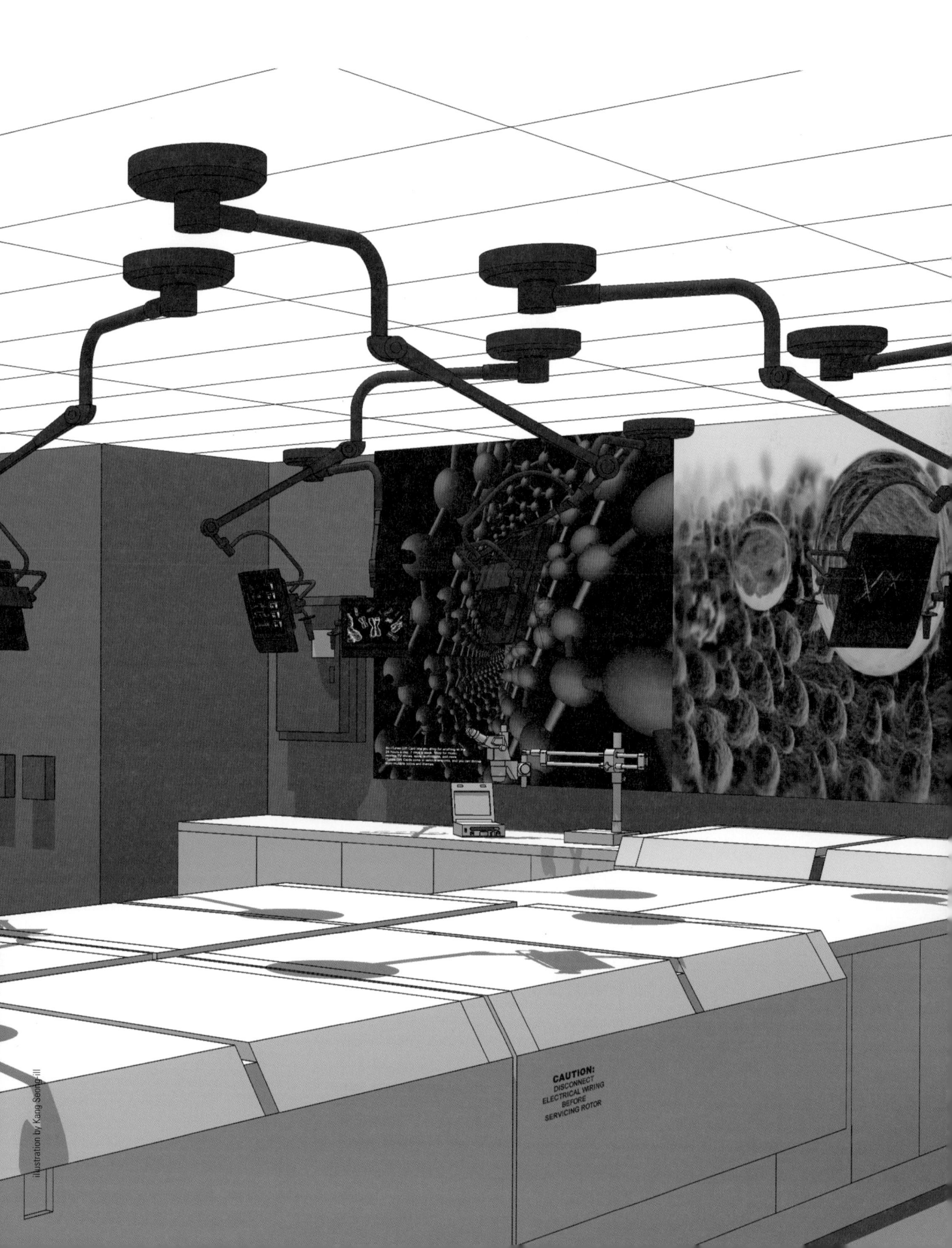

illustration by Kang Seong-il

병준을 내보낸 현우는 빛나에게 전화를 합니다.

"응, 나야. 병준이 지금 막 왔다 갔어. 네가 걱정할 만큼은 아닌 것 같아. 일단 다음 주에 사업 계획서를 가지고 다시 한번 만나기로 했으니까. 조금만 더 두고 보자. 너무 걱정하지 말고."

전화를 끊은 현우가 책상 위에 흩어져 있는 서류들을 챙겨 사무실 구석의 회의실로 들어섭니다. 회의실 안에는 이미 열 명이 넘는 직원들이 자리를 잡고 앉아 현우를 기다리고 있습니다.

"미안합니다. 늦었습니다. 회의 시작하시죠."

현우의 말이 끝나자마자 회의실은 금세 분주해집니다. 한 사람씩 돌아가며 현재 진행되고 있는 일의 상황에 대해 공유하고, 협업이 필요한 부분에 대해서는 업무적으로 요청하는 시간입니다.

아, 여기서 잠깐 현우가 어떤 아이템으로 창업을 해서 회사를 이끌어 왔는지 짚고 넘어가 볼까요?

현우는 대학에서 생물학을 전공했습니다. 원래부터 생물 과목에 관심이 많았고, 공부하고 가르치는 것을 좋아하고 자신 있어 했던 터라 생물 선생님을 직업으로 삼으려고 했거든요. 빛나처럼 현우 역시 안정된 직장을 목표로 삼았던 시절의 이야기입니다. 하지만 중ㆍ고등 교사가 되기 위해서는 교육 대학원을 가야 했는데 그럴 만큼의 여유가 없어 결국 대학을 졸업하고 현우는 한 의약품 연구소에 취직을 했습니다.

연구소에서 현우가 담당했던 업무는 당뇨 환자들을 위한 당 수치 체크 키트 개발팀의 보조연구와 당을 낮출 수 있는 식품첨가물 연구였습니다. 설탕 덩어리에 뿌리면 맛은 유지하되 설탕의 당 성분은 확 낮출 수 있는 첨가물 제품에 대한 연구였답니다. 당뇨 환자들이 당 조절에 상관없이 먹고 싶은 음식을 먹을 수 있게 해주는 그야말로 꿈같은 이야기에 도전한 것이죠.

그렇게 3년 동안 온갖 성분들을 분석하고, 그 성분들이 각각의 영양소에 어떻게 영향을 끼치는지를 연구하는 동안 현우의 머릿속에는 한 가지 아이디어가 떠오르기 시작했습니다. 현우의 아이디어를 자극한 것은 바로 연구소 여직원들의 다이어트 붐이었습니다.

사실, 연구소 내에서 근무하면서 운동할 시간을 낸다는 것은 생각처럼 쉽지 않은 일입니다. 일과시간 내내 앉은 채 실험을 하거나 컴퓨터를 들여다보고 있어야 하는 직업이니까요. 그러다 보니 연구소 여직원들 대부분은 복부와 하체 비만을 호소하게 되었고, 급기야 모두가 합심해 점심식사로는 샐러드만 먹기 시작했습니다. 그런데 문제는 샐러드 식단으로 바꾸고 난 후 여직원들이 약속이나 한 듯 신경질적으로 변하기 시작했다는 것입니다. 3-4시쯤이 되면 못 견딜 만큼 허기를 느낀 여직원들이 연구소 여기저기서 신경질을 내는 광경이란… 그거 아세요? 세상에서 배고픈 사자 다음으로 무서운 게 배고픈 여자들이라는 거.

결국, 여직원들의 예민한 신경질을 참다못한 남자 연구원들은 연구소의 평화를 위해 여직원들을 위한 식단을 짜기 시작했답니다. 칼로리를 정밀하게 계산해 점심식사 때는 고기 한 조각씩이라도 먹을 수 있게끔 말이죠. 물론 계획은 대성공이었습니다. 여자 연구원들은 남자 연구원들의 관심과 배려에 감동했을 뿐 아니라 식욕을 조절하는 데도 도움을 받아 대부분 다이어트에 성공을 했거든요.

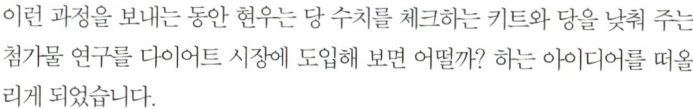

시장 조사의 노하우를 공개합니다.
시장 조사. 막막하시죠? 하지만 어디서부터
해야 하는지 고민하시기 전에 입장을 바꿔서
먼저 생각해보세요. 당신이 소비자라면,
당신이 고객이라면…하는 심정으로요.
자신이 만들 수 있는 제품을 만드는 것이
아니라 고객이 필요로 하는 제품을 만드는
방법을 찾는 것. 그게 Bottom-Up이라는
시장 접근 방식입니다. 내 제품을 필요로
하는 소수의 고객을 만나서 고객을 확보하고
확대해 나가는 것이지요.
이렇게 하기 위해서는 고객을 직접 대할
필요가 있는데, 이때 쓰이는 방법이 이 두
가지입니다. 고객의 문제를 듣는 방법과
고객을 관찰하는 방법입니다. 고객의 문제를
듣는 방법은 고객을 직접 만나 고객의
문제를 조사하는 기법으로 설문지 작성이
중요한 성패 이슈인데, 문제는 고객이
문제를 잘 모르고 있거나 고객이 질문하는
창업자의 의도에 맞추어 답을 할 수 있다는
오류가 발생할 수도 있다는 것입니다.
그래서 보완적으로 사용하는 것이 바로
고객관찰법입니다. 고객에게 구체적으로
묻는 대신 일정기간동안 고객의 소비활동을
지속적으로 관찰하는 방법이지요.

이런 과정을 보내는 동안 현우는 당 수치를 체크하는 키트와 당을 낮춰 주는 첨가물 연구를 다이어트 시장에 도입해 보면 어떨까? 하는 아이디어를 떠올리게 되었습니다.

다이어트에 절대적으로 필요한 요소 중 하나인 단백질의 경우 다른 질병을 체크하는 데도 중요한 요소에 속하니 당을 체크하는 것과 마찬가지로 단백질도 체크할 수 있는 키트를 만들어 낸다면 괜찮을 것 같았거든요.

그때부터 현우는 6개월에 걸쳐 차근차근 사업을 준비해 나갔습니다. 물론 자신의 본업인 연구소 일도 꾸준히, 성실하게 하면서 말이죠.

현우가 제일 먼저 한 것은 시장 조사였습니다. 과연 이런 제품을 생산했을 때 어디서 사줄 것인가, 혹은 어떤 사람이 사줄 것인가를 살핀 것이지요. 연구소에 근무하는 덕에 시장조사는 그리 어렵지 않게 진행할 수 있었습니다. 아주 동떨어진 영역이 아니었으니까요. 시장조사를 하면서 초기에는 다이어트보다는 의학용 키트에 초점을 맞추는 게 좋겠다는 타깃 수정도 할 수 있었습니다. 시장조사를 하다 보니 당장 소비자에게 직접적으로 판매해야 하는 다이어트 제품보다는 병원 쪽으로 판매하는 제품을 먼저 만드는 것이 수익성 부분에서 낫겠다는 분석이 나왔거든요.

게다가 암 분비물 단백질 칩을 암 조기 진단이나 치료 과정 등에 활용 한 예는 이미 있기에 그 부분을 좀 더 세분화하고 간소화시키는 기술을 개발한다면 병원에 제품을 납품하는 것이 가능할 거라는 판단이 들었습니다. 대신 기존에 나와 있는 진단 키트를 단순히 업그레이드시킨 것 외에 뭔가 획기적인 요소를 하나 더 첨가해야 기존에 형성되어 있는 시장을 뚫고 신규 시장을 장악할 수 있다는 생각에 도달하자 현우는 이후 6개월간 혼자 아이디어를 짜내고 연구를 거듭했습니다.

시장 조사 6개월, 아이디어와 연구 6개월, 그렇게 1년이 흘렀습니다.

다른 연구소에서 일하고 있는 친구들을 설득하고, 모교를 찾아가 될 성 부른 젊은 친구들을 영입하고, 사업자금도 모으고… 그렇게 만든 것이 지금의 (주)우현테크놀로지입니다.

유사 분야의 직장생활을 통해 경험을 쌓았기에 아무것도 모른 채 기술 창업에 뛰어드는 사람들보다는 이점이 많았지만 그래도 역시 사업은 사업이라 초반 3년 동안 수도 없이 고비를 넘어왔습니다.

2,000만 원만 있으면 사업자등록증을 낼 수 있다는 말에 덜컥 서둘렀다가 기술보증기금에서 남들보다 훨씬 적은 금액을 지원받을 수밖에 없었던 일, 꼭 자기 기술로만 사업을 해야 하는 줄 알고 애썼는데 알고 보니 기술 거래소라는 곳에서 기술을 사오는 방법도 있다는 것을 뒤늦게 깨달은 일. 특허신청을 미뤘다가 다른 회사에 특허를 뺏기고 소송까지 당했던 일, 벤처캐피탈에서 10억 자금이 들어오자마자 같이 사업을 시작했던 친구들이 저마다 자기 지분을 내놓으라며 피 터지게 싸움을 했던 일 등등. 지금 생각해도 등줄기가 서늘해지는 일들을 겪고, 넘으며 지금까지 온 것입니다.

물론, 현재도 쉽지만은 않습니다. 처음 창업하면서 내놓았던 단백질 키트 제품이 이제는 완전히 상용화가 이뤄져 별로 특이할 것도 없는 그야말로 흔한 제품이 되었거든요. 그래서 요즘 (주)우현테크놀로지는 신제품 개발과 제3세계로의 수출에 열과 성을 쏟고 있습니다. 오늘 진행 중인 회의도 신제품으로 개발하고 있는 제품의 진행 상황을 각 부서가 공유하고 서로 피드백을 주고받기 위해 만들어진 자리입니다.

이런, 현우가 어떻게 창업하게 되었는지를 설명하는 동안 각 부서별로 진행 상황을 브리핑하는 시간이 끝났네요. 직원들의 얘기를 하나하나 듣고 꼼꼼히 메모한 현우가 마지막으로 정리를 합니다.

"우선, 지금으로서는 고객들을 보다 정확하게 파악하는 것이 중요할 것 같습니다. 필요하다면 명동, 강남역, 압구정, 청담동, 종로, 대학로… 그리고 지방의 각 대학 앞에 형성된 젊은 공간들 있잖아요. 그런 곳에서 실시간 설문이라도 실시하세요. 헬스클럽 체인도 뚫어서 헬스클럽에 납품하는 것도 고민해 보시구요. 다시 한번 말하지만 이번 제품은 다이어트를 도와주는 단백질 함량 체크기입니다. 아마 근육을 만들고 싶어 하는 사람들이나 다이어트 식단을 짜려는 사람들이 찾게 될 거에요. 아, 보디빌더 협회도 한번 뚫어 봅시다. 아니면 보디빌딩 대회에 우리가 협찬을 할 수도 있고."

현우의 말에 직원들이 고개를 끄덕이며 메모를 합니다.

"아, 그리고… 마지막으로 전달사항이 하나 있습니다."

현우가 천천히 뜸을 들이며 앉아 있는 직원들을 훑어봅니다. 무슨 말이 나올지 몰라 긴장한 직원들을 보며 현우는 빙긋 웃음을 지어 보입니다.

"홍콩의 미스터 양이… 자신이 소유한 홍콩 내 헬스 트레이닝 센터 30곳에서 우선적으로 우리 제품을 판매해 보겠다는 최종 의사를 밝혀 왔습니다."

첫 수출 판매처가 정해졌다는 말에 회의실 안은 박수소리로 가득 찹니다. 서로에게 수고했다면서 누가 먼저랄 것도 없이 악수하고, 포옹하며 기뻐하는 모습들입니다.

"그래서 전 직원이 다다음주 목요일 저녁에 출발해서 금, 토, 일 이렇게 3박 4일간 워크숍 겸 단합대회로 홍콩에 갑니다. 의논 없이 결정해서 미안하지만 이 일정을 참고해서 업무 조정들 해주세요."

현우의 말이 끝나자마자 아까보다 더 큰 함성과 박수가 회의실을 메웁니다.

"우와! 대표님, 진짜 홍콩에 가는 거예요?"

"별들이 소곤거리는 홍콩의 밤거리를 볼 수 있는 건가요?"

"어떻게 해요! 너무 좋아! 그 날 남친이랑 약속 있었는데 과감하게 취소해 주겠어요!"

직원들이 기뻐하며 펄펄 뛰는 모습을 보던 현우는 자신도 모르게 눈물이 핑 돕니다. 어제 빛나에게 말했던 것처럼 그들이 좋아하는 모습을 보며 본인이 더 행복하고 기뻤기 때문입니다.

"그럼, 다들 수고해 주시구요! 여권 만료 기간 안 걸리도록 미리미리 준비해 주세요. 아, 그리고 박 이사님. 갑자기 준비하시느라 힘드시겠지만 호텔이랑 비행기랑 잘 부탁드려요. 호텔은 침사추이 쪽으로 좀 좋은 곳으로 잡아 주세요. 모처럼 가는 거 기분 좋게 좋은 거 보고, 맛있는 거 먹고 올 수 있게요."

현우는 웃음이 떠나지 않는 회의실을 나서 부지런히 외근 준비를 합니다.

'저 사람들한테 이번 같은 기회를 더 많이 주려면 더 많이 벌고, 회사를 더 키워야 해. 그게 바로 내가 할 일이야.'

굳은 결심과 함께 회사를 나서는 현우의 등 뒤로 잔뜩 들뜬 직원들이 한 목소리로 인사를 건넵니다.

"대표님! 수고하세요. 다녀오세요!"

직원들의 인사를 받으며 회사 문을 나서는 현우의 발걸음이 무겁고도, 경쾌합니다.

"큰 사업의 기록은 대 고난의 기록이다." – 스마일스

시작은 산뜻하게

내 사업의 모든 것을 담는, 사업계획서

사업계획서는 창업자가 추구하는 사업에 대한 구체적인 지도이자, 네비게이터이자, 소개 자료입니다. 즉, 사업계획서가 없이 사업을 시작하는 것은 나침반이 없이 나 홀로 항해를 떠나는 것과 같다고 볼 수 있습니다. 사업계획서는 타인이 작성할 수 있는 것도 아니고, 소프트웨어를 이용해 모범답안을 작성하듯 양식에 맞추어 작성해서도 안 됩니다. 사업을 시작하여 전개하며 필요한 다양한 사업성립과 성장요소들을 아이디어에서부터 추정재무에까지 하나의 스토리를 가지고 체계적으로 창업자 본인이 직접 작성해야만 합니다. 특히 사업계획서를 작성하면서 가장 중요한 부분은 자신의 사업을 기획하며 요구되는 다양한 정보들인데 이 정보들은 가능한 대부분 현장을 발로 뛰며 확보해야 하는 정보들로 사업계획서는 일종의 자신의 사업수행에 필요한 정보모음집이라 할 수 있습니다.

전체 사업을 요약한 페이지, 제품 혹은 서비스에 대한 개요, 시장 및 경쟁 상대 파악, 마케팅 관련, 비즈니스 시스템, 조직과 인력, SWOT 분석, 실행 일정과 재무 계획 등이 기본 요소입니다. 하지만 무엇보다 중요한 것은 내 사업을 얼마나 매력적으로, 정확하게 표현해내느냐 하는 것입니다. 1분 안에 무슨 일을 하는 회사인지를 알게 하는 것이 중요하거든요. 간단명료하게 무엇을, 어떻게 표현하는 것이 사업계획서의 핵심이라는 것을 잊지 마세요.

한편, 현우를 만나고 집으로 돌아오는 길 내내 병준은 깊은 생각에 빠져 있습니다. 간혹, 혼자 중얼거리기도 합니다.

'현우 형 말이 맞아. 막무가내로 시작하는 게 창업은 아니지. 그렇다면 난 왜, 어째서 창업을 하려는 걸까? 그리고 다른 것도 많은데 왜 굳이 기술 창업을 하려던 거였지?'

집으로 돌아와 책상 앞에 앉아서도 병준의 고민은 계속됩니다.

'아, 모르겠다. 생각을 하면 할수록 엉키는 거 같아. 일단 써보자.'

병준은 주섬주섬 스케치북을 꺼내 놓고 펜을 잡습니다.

'우선 사업계획서에는 뭐가 들어가야 하더라? 사업개요. 시장분석, 아, 맞아. SWOT 분석도 들어가야지. 타깃도 적어야 하고… 그리고 비용? 그래 맞아 비용도 넣어야 해. 그 다음엔 또 뭐더라…'

마인드맵를 그리듯 병준은 스케치북 위에 떠오르는 대로 큰 그림을 그려가기 시작합니다. 얼마나 집중을 했던지 핸드폰 진동이 계속 울리고 있는데도 전혀 알아차리지 못합니다.

같은 시간, 오빠와 통화를 끝낸 빛나는 벌써 여덟 번째 병준에게 전화를 하고

있습니다. 병준이 뭔가에 집중하고 있다는 생각은 하지 못한 채 계속 전화를 걸던 빛나는 결국 현우에게 다시 전화를 합니다.

"오빠. 병준 씨랑 무슨 일 있었던 거 아니지?"

"아니, 왜?"

"전화를 안 받네."

"음… 글쎄. 왜 그럴까? 모르긴 몰라도 그 친구가 진짜 창업을 할 마음이 있으면 오늘부터 일주일 동안은 아마 자기 이름도 잊을 정도로 열심히 일해야 할걸?"

"그건 또 무슨 소리야?"

"내가 사업계획서를 들고 오라고 그랬거든."

"그런데?"

"사업계획서는 말 그대로 내가 어떤 사업을 어떻게 할 건데 이런 부분을 계획하고 있고, 자금은 어떻게 조달해서 어떻게 사용할 거고, 인력은 어떻게 할 거고, 운영은 어떻게 할 거고… 여하튼 내 사업에 대한 모든 소개가 담기는 첫 페이퍼 작업이야. 아주 중요한 거지."

"나도 그 정도는 알지."

"지금 병준이 머릿속에는 막연하게 이 사업을 해야겠다. 이걸로 창업을 해보면 좋겠다는 정도의 어렴풋한 그림밖에 없거든. 그런데 그것들을 하나하나 정리해서 구체화시키고, 정교하게 다듬고, 숫자로 표현해 넣다 보면 분명 큰 구멍이 보이고 막막

illustration by Jehyung

한 구석들이 생길 거야. 그때부터가 본격적인 고민의 시작이지. 그리고 그 고민을 스스로 해결해 가는 과정이 창업의 첫 단계야."

"오빠가 만날 얘기하던 자기 들여다보기, 자기 성찰이 사업에 적용된다. 이렇게 생각하면 되는 건가?"

"그렇지! 내가 하는 얘기는 매번 귓등으로 흘려듣는 줄 알았더니 그래도 뭔가 기억은 하고 있네. 신통하다. 우리 빛나."

"아이고, 한두 번 들었어야 흘리지. 오빠는 입만 열면 자기 성찰과 밖에서 보기가 중요하다고 그랬잖아."

"그렇지. 그런데 사업계획서를 짤 때는 이게 정말 중요해."

"왜?"

"고슴도치가 되면 안 되니까."

"고슴도치?"

"창업하는 사람이라면 누구나 자신의 사업 아이템이 고슴도치 새끼 같거든. 특히 자기 기술을 가지고 창업을 하려는 사람들이 범하는 가장 큰 실수가 내 기술이 최고고, 내 기술은 정말 독보적이고, 내 기술만큼 세상에 도움 되는 것은 없다는 착각이야. 일단 이렇게 눈과 귀가 막히면 아무리 옆에서 조언을 해도 소용이 없어."

"자가당착… 에 빠진다는 거구나."

"응. 예전에 너 석사 논문 쓸 때, 네 담당 교수님이 완전 꽉 막힌 사람이라고 투덜거렸잖아? 그때 내가 뭐라고 했니? 한 분야에 지나치게 오래 머문 사람들이라 좁은 시야를 가질 수밖에 없으니 이해하라고 그랬잖아. 사업가들도 마찬가지야. 자기 것이 최고라고 생각하는 순간, 그 틀을 벗어날 새로운 무언가를 찾지 않으면 그때부터 내리막길이거든. 하물며 처음 창업하는 사람이 첫 아이템에 대해 맹신하게 되면… 얼마나 갑갑한 상황이 벌어질지는 안 봐도 비디오지?"

"근데 병준이가 그 사실을 알아차릴 수 있을까?"

"그래서 사업계획서를 일주일 안에 정리해서 오라고 그랬던 거야. 일주일이라는 시간은 자기가 하고 싶은 일이 뭔지에 대해 쓰기에는 충분하지만, 변명을 만들기에는 짧은 시간이거든."

"변명?"

"응. 쉽게 얘기해서 일주일 동안 내가 어떤 사업을 하고 싶은지 뭘 어떻게 하고 싶은지를 정리하는 건 가능해. 그런데 그걸 실현할 수 있는 방안까지 함께 고민하다 보면 구멍이 수도 없이 보이거든. 그러면 그 문제에 대해 변명을 하게 되지."

"변명을 하다가 문제를 해결하게 될 수도 있지 않나?"

"그럴 가능성보다는 대충 변명으로 메워 놓고, 사업 계획에 구멍이 있다는 것 자체를 외면하게 될 확률이 높아. 문제는 그런 식으로 이런저런 변명을 늘어놓다가 자기도 모르게 그 변명이 문제의 해결 방식이라고 믿게 된다는 거지."

"아하! 거짓말을 계속하다 보면 어느 순간 자기가 그 거짓말을 믿게 되는 거랑 같은 건가?"

"내 동생이지만 진짜 말귀 하나는 끝내주게 알아듣는다니까."

"그러니까 오빠 말은 지금 병준이가 자기 사업에 대해 변명거리를 만들 시간은 안 주고 사업계획서를 갖고 오랬다는 거네?"

"그런 셈이지. 아마 병준이, 앞으로 일주일 동안 평생 해야 할 번뇌의 반은 겪게 될 거다."

"어휴, 오빠 말 듣고 나니까 내가 연락 안 하는 게 도와주는 거라는 생각이 드네."

"정답이야. 그냥 힘내라는 문자나 보내주고 사업계획 잘 세워서 보여 달라고 격려해 줘."

"응. 알았어. 고마워 오빠."

현우와 통화를 마친 빛나는 잠시 고민하다 한 자 한 자 신중하게 문자를 입력합니다.

'오빠랑 잘 만났는지 궁금해서 전화했어. 오빠가 사업계획서 가지고 오라 그랬다며? 잘 해봐. 힘내고. 편할 때 연락 줘.'

빛나가 문자를 보내고 있는 순간에도 병준은 여전히 스케치북을 앞에 놓고 곰곰이 생각에 빠져 있습니다.

책과 인터넷을 뒤져 사업계획서에 들어가는 요소들은 쭉 뽑아 놓았는데 문제는 자신의 아이템을 어떻게 채워 넣어야 할지가 막막하기만 합니다.

"일단, 써보자!"

스스로 파이팅을 외치며 컴퓨터 앞에 앉은 병준이 마침내 첫 문장을 씁니다.

〈당신의 인연, 지금 막 스쳐 지나간 그 사람일지도 모릅니다.〉

병준의 타자 소리가 조금씩 빨라집니다.

병준이 현우를 만나고 돌아와 두문불출한 지도 일주일이 지났습니다. 그 동안 병준은 빛나와 두 번 통화를 했고, 그 외에는 내내 집에서 자료를 뒤지고 사업계획서를 다듬는 데 모든 시간을 투자했습니다. 약속한 일주일이 정말 눈 깜빡할 사이에 지나가고, 드디어 현우를 다시 만나는 날이 되었습니다.

현우의 사무실을 다시 찾은 병준은 수염이 덥수룩합니다. 살도 좀 빠진 것 같습니다. 그런 병준을 보며 현우는 속으로 '이 녀석 고생 좀 했구나'라는 생각

을 하며 빙긋 웃습니다.

"사업계획서를 써보니 어때?"

"창업… 꼭 이 사업을 시작해야겠다는 생각이 들었습니다."

"그래? 이리 줘봐."

병준이 비장한 표정으로 사업계획서를 내밉니다. 언뜻 보아도 100장은 될 듯한 두꺼운 사업계획서입니다. 병준에게서 사업계획서를 받아 든 현우가 첫 장을 넘깁니다. 그리고 곧장 둘째 장으로, 셋째 장으로 후루룩 넘기기 시작합니다. 딱 봐도 대충 보고 있다는 것이 느껴집니다.

'어? 저기가 중요한 내용이라… 저렇게 빨리 넘기면 읽기가 어려울 텐데.'

빠른 속도로 페이지를 넘기는 현우를 보며 병준의 얼굴이 살짝 굳습니다. 그때, 현우가 병준의 마음을 읽은 듯 한 마디 건넵니다.

"고생고생해서 만든 걸 저 인간은 왜 진득하게 안 보는 거야? 라고 생각하고 있지?"

"네? 아… 아니오."

"아니긴. 난 예전에 아, 저 인간 정말 때려 주고 싶다고 생각한 적도 있는 걸."

"아… 예…."

탁!

사업계획서를 받아 든 지 3분도 채 지나지 않았는데 현우가 사업계획서를 마지막 페이지를 덮으며 바닥에 내려놓습니다. 그러고는 사업계획서와 병준의 얼굴을 번갈아 바라봅니다.

"그래서. 이 프로그램을 누가 살 것 같아?"

"네? 거기 42페이지에 보시면 타깃 설정을…"

"아니, 멀리 갈 것 없어. 우리 빛나가 이 프로그램을 살까?"

"…?"

"네 친구들이건 아는 형 누나들이건… 하여간 아는 사람 총동원해서 이 프로그램을 구입할 사
람들 이름 열 개만 대봐."

"어… 그러니까…"

"가까이에 있는 사람한테도 팔 수 없는 프로그램을 대체 누구한테 팔겠다는 거지?"

"…."

"그리고 이건 사업계획서가 아니야. 학교에 제출하는 리포트지. 언뜻 봐도 연구용역기관에서
도출한 것 같은 자료들만 가득하네. 이런 자료는 나라에서도 이미 충분히 만
들고 있어. 학교마다 교수님들과 학생들에게 이런 자료들 연구해서 만들라고

illustration by Jehyung

용역을 주거든. 당신은 돈을 벌겠다는 사람이잖아. 그러면 앉아서 쉽게 찾을 수 있는 자료 말고 발로 찾을 수 있는 자료를 가지고 왔어야지. 하다못해 지금 나한테 내가 하려는 사업이 이건데, 이 사업의 타깃 소비자들은 20대에서 30대의 싱글이다. 그래서 하루는 강남역, 하루는 종로, 하루는 명동, 하루는 코엑스 이렇게 나가서 설문을 했다. 총 1,000명의 대답 중에서 이 프로그램이 나오면 쓰겠다는 사람이 800명이더라. 그 중에서 꼭 쓰겠다는 사람이 몇 명, 쓰는 걸 긍정적으로 생각하겠다는 사람이 몇 명이었으니 난 이 사업이 이 정도의 승산이 있다고 본다. 이런 내용이 적힌 세 장짜리 자료를 가지고 왔다면 난 오히려 칭찬했을 거야."

"전 사업계획서라고 그러셔서…."

"말에 현혹되지 마. 사업계획서에 어떤 요소가 들어가야 한다는 법칙은 없어. 그리고 그런 자료는 나중에 투자를 받아야 할 때 만들어도 결코 늦지 않아. 그거 알아? 사업을 시작하고 벤처캐피탈 같은 곳에 심사 넣어서 자금을 지원받잖아. 그때 상당수의 회사들이 저마다 자신들의 회사 가치를 분석해 숫자 만드는 데 몰두하거든. 그런데 그거 다 필요 없어. 왜냐하면 벤처캐피탈에서도 심사를 하기 위해 그 가치 분석에 관련한 숫자 자료를 자기네가 직접 만들거든. 그러면 필요한 게 뭐겠어? 그 가치를 잘 분석할 수 있게끔 해주는 기본 자료만 제대로 주면 되는 거야. 인력이라던가, 기술이라던가, 파트너 같은. 그런데 정작 사람들은 그걸 모르고 서류에 집어넣을 숫자 만드는 데 온갖 힘과 시간을 소비해 버리는 거지. 사업계획서도 마찬가지야. 사업계획서 안에는 딱 세 가지만 들어있으면 돼. 무엇을! 누구에게! 어떻게! 팔 것인가."

"그래도 SWOT 분석이나 자금 계획 같은 것은 있어야 하지 않을까요?"

"무엇을, 누구에게, 어떻게 팔 것인가만 확실하게 정해지면 지금 네가 말한 건 자연히 다 들어가게 되어 있어. 문제는 앞의 세 요소가 불확실한 상황에서는 나머지 것들을 아무리 줄줄 나열해 봐야 소용이 없다는 거지. 현대그룹을 만든 정주영 회장이 지폐에 그려진 거북선 그림 하나로 조선소를 세울 수 있었던 얘기 몰라? 그때 아마 정주영 회장이 SWOT 분석이며 자금 계획, 마케팅 계획 등등을 들이밀었으면 조선소며 선박 수주는 애초부터 불가능했을걸. 마찬가지야. 사업계획서는 내가 뭘 하겠다는 내용만 정확하게 들어가 있으면 되는 거야. 오케이? 이해가 되었니?"

현우의 신랄한 비판을 들으며 병준은 완전히 기가 죽은 모습입니다. 그런 병준을 보며 현우는 5년 전, 자기에게도 똑같은 말을 들려주며 돌려보냈던 한 기업가를 떠올렸습니다. 지금도 현우가 고민이 있거나 어려운 점이 생기면 찾아가서 조언을 구하는 그 기업가는 아무도 현우를 만나주지도, 도와주려고도 하지 않을 때 날카로운 지적으로 여러 번 현우를 도와주었던 사람입니다.

'그래, 내가 받은 만큼 또 후배들에게 해줘야지. 그래야 창업하는 친구들이 좀 덜 힘들겠지. 이런 것도 내리사랑이라고 생각하자.'

아무 말도 하지 못한 채 현우에게 건넸던 사업계획서만 괜히 뒤적거리고 있는 병준에게 현우가 묻습니다.

"그냥 말로 설명해 줘. '당신의 인연, 지금 스쳐 지나간 그 사람일지도 모릅니다'라고 적었던데 그게 무슨 말이야? 어떤 걸로 사업을 하고 싶은 거지?"

현우의 말에 병준이 크게 심호흡을 하고 자세를 바로잡습니다.

"형님, 혹시 붉은 실 이야기에 대해 아세요?"

엘리베이터 안에서 우린?

생활 속에서 자주 이용하게 되는 엘리베이터 안에서 흘러가는 2분 남짓의 시간 동안 우린 어떤 일을 하면서 보내고 있을까요. 창업을 준비하고 있는 당신이 우연한 기회에 당신에게 매우 중요한 투자자를 만나 엘리베이터를 함께 타게 되었습니다. 엘리베이터가 올라가는 동안 당신은 자신의 사업계획에 대해 설명할 것입니다. 2분이란 아주 짧은 시간에 그의 마음을 얻으려면 그 내용은 축약적인 동시에 상당히 매력적이어야 하겠지요. 바로 이것을 엘리베이터 피치(elevator pitch)라고 합니다. 언제 생길지 모르는 기회의 순간을 위해 엘리베이터 피치를 연습해보세요. 이런 엘리베이터 피치를 준비할 때 가장 중요한 것이 바로 〈인텔리전스 정보〉입니다. 단순히 〈인포메이션〉에서 끝나는 것이 아니라 그 이상의 정보를 말하지요. 어디서 얻냐구요? 그건 이 책을 계속 읽다 보면 아실 수 있을 겁니다.

Act I - Scene 2 :
Build up the foundational skills
사업 기초다지기

"사업의 관건은
독창성이다.
절대로
타인을
모방하지 마라."
- 이부카 마사로

나만의 무기를 찾아서

"붉은 실?"

"네. 인연이 있는 사람들끼리는 붉은 실로 연결되어 있다고 하잖아요."

"응. 어디서 들은 적은 있는 것 같다. 그래서?"

"제가 구상하고 있는 건 위치 기반 서비스와 인연 찾기 서비스를 한꺼번에 묶는 거예요."

"조금 더 설명해봐."

"간단하게 얘기하면 같은 시간, 같은 공간 안에서 내 인연을 찾게끔 해주는 거예요."

"왜 하필 이걸 하고 싶은 건데?"

현우의 물음에 병준의 얼굴이 붉게 달아오릅니다. 머릿속에 뭔가 떠오른 듯 입꼬리에는 웃음까지 감돕니다.

"무슨 사연이 있구나?"

"사실 이 아이템은 빛나를 처음 만나면서부터 고민했던 거예요."

"빛나? 야, 안 그래도 너희가 어떻게 만났는지 무지 궁금했는데 얘기 좀 해봐라. 겸사겸사 좀 듣자. 빛나는 죽어도 말 못해준다고 하더라."

"아… 대신 빛나에게는 비밀이에요. 빛나가 절대 아무한테도 말하지 말라고 했거든요."

"왜? 무지하게 닭살 돋는 얘기인가보지?"

"뭐… 듣는 사람에 따라서는 그럴 수도 있고… 아닐 수도 있고…."

병준이 얼굴을 붉힌 채 털어놓은 이야기는 이랬습니다.

어느 봄날이었답니다.

배가 너무 아파 회사에 반차를 내고 조퇴를 하던 병준이 아픈 배를 살살 달래며 버스 정류장에 서 있는데, 한 여자가 와서 옆에 서더랍니다.

포니테일로 머리를 묶고, 이어폰을 낀 그녀는 리듬에 맞춰 고개를 까닥이고 있었더랍니다. 가사에 심취했는지 입가에는 은은하게 미소를 머금고 있었고 손가락으로 살짝살짝 박자도 맞추더랍니다. 그 손가락이 너무 길고 예뻐서 심장이 뛰기 시작했고, 천천히 손가락에서 손으로, 다시 팔로, 목으로, 얼굴로 시선을 옮겼다고 했습니다.

그 순간 바람이 불었고, 정류장 옆에 서 있던 벚나무에서는 벚꽃이 우수수 떨어졌고, 그녀는 눈을 지그시 감은 채 고개를 들고 눈처럼 내리는 그 벚꽃을 온몸으로 맞고 있었다고 했습니다.

꽃비를 맞으며 그녀는 팔을 벌렸다고 했습니다. 마치 영화 쇼생크 탈출에서 주인공이 탈출 후 비를 맞으며 자유를 만끽했던 장면처럼 그렇게 봄을 온몸으로 느끼고 있더랍니다.

"순간 온 세상이 느리게 돌더라고요. 마치 느린 비디오테이프가 돌아가는 것처럼. 아주 천천히, 천천히…."

illustration by Kang Seong-ill

병준이 꿈이라도 꾸는 듯 말을 이어나갔습니다.

"빛나가 빨간 스카프를 하고 있었거든요. 끝에 술이 달린. 그런데 바람결에 그 술 중의 한 가닥이 제 옷의 단추에 걸린 거예요. 올이 풀어지면서 저와 빛나가 붉은 실로 연결이 되어 버렸죠. 사실 지금도 눈을 감으면 그때의 모습이 훤하게 떠올라요. 빛나의 얼굴, 빛나가 했던 말, 빛나의 표정, 이어폰 밖으로 새어 나오던 빛나가 듣던 음악, 햇살의 느낌, 스쳐 지나가던 140번 버스, 불어오던 바람의 강도, 그리고 빛나의 향기까지도 생생해요. 그때, 올이 풀어져 버린 스카프를 보상해 주겠다는 억지를 부려서 연락처를 알아냈구요, 전 그날 온 시내 백화점을 다 뒤져서 붉은색 술이 달린 스카프를 하나 샀어요. 배 아픈 것 따위는 다 잊었을 정도였어요. 사실 그 전까지는 첫눈에 반한 다는 것을 전혀 믿지 않았거든요. 하지만 그날 이후로 저는 첫눈에 반하는 사랑이라는 거. 그건 절대 호르몬 문제도 아니고 섣부른 감정놀음도 아니라는 거 믿어요. 빛나에게 딱 어울릴 만한 붉은 스카프를 하나 사서 포장을 한 게 아마 오후 네 시쯤 되었을 거예요. 그리고 그 날 저녁 당장 전화해서 만났죠. 전 첫눈에 알았어요. 아, 이 여자가 내 인연이구나. 앞으로 내가 사랑할 여자구나. 내 붉은 실의 연인이구나…."

"음. 내 동생 이야기지만 듣는 내내 닭살이 돋는 건 어쩔 수 없구나."

"형님이 말해 보라고 하신 거잖아요."

"살짝 후회하고 있다."

"에이, 그래도 제 사업 아이템이 왜 그렇게 정해진 건지 아시려면 들으셔야죠. 그래서 해보라고 하신 거잖아요."

"그래… 그랬지. 그래서? 계속해봐."

"그때 그런 생각이 들었어요. 내가 그날 조퇴를 하지 않았다면, 배가 아프지 않았다면… 나는 빛나를 만날 수 있었을까?"

"그러니까 인연이지."

"그러니까요. 진짜 인연인데 운명의 장난으로 못 만나고, 늦게 만나고 그러면 너무 억울하잖아요. 안 그래요?"

병준의 목소리에는 점점 힘이 들어갑니다. 자기 확신을 갖고 하는 이야기라서 그런지 상대가 현우라는 사실도 잊은 듯 빠르게 말을 이어가고 있습니다.

"저랑 빛나처럼 제때 만난 인연들은 행복하지만 미처 자기 인연을 못 만나 고민 중인 사람들이 얼마나 많아요."

"나도 그게 고민이긴 하지."

"크크, 빛나도 형님이 솔로인 게 고민이래요."

"흐흠. 얘기가 딴 데로 자꾸 새네. 다시 본론으로 돌아와서. 그래서?"

"아, 예. 그래서 어떻게 하면 내 인연을 좀 더 쉽게 찾을 수 있을까?라는 고민에서 시작한 거예요. 왜 요즘에는 스마트 폰을 통한 위치 알림 서비스가 보편화되었잖아요."

"그렇지. 위성으로 다 파악할 수 있으니까."

"그런 위치 알림 서비스와 이상형 찾기를 결합한 거예요. 예를 들어서 제가 이상형 카테고리에 '포니테일이 잘 어울리는 여자, 사자자리, 아담 사이즈, 혈액형은 B형, 막내' 이런 요소를 입력해 놓고 자주 가는 동네는 '대전 중앙로, 서울 명동, 대학로, 테헤란로' 이렇게 지정하는 거죠. 그러면 제가 입력한 부분과 일치하는 데이터를 가진 여자를 소개시켜 주는 거예요. 만약 그녀가 같은 시간에 저와 같은 장소에 있으면 서로에게 메시지가 가는 거죠. 당신의 인연이 지금 500m 근방에 있습니다."

"음. 재미는 있을 거 같은데? 그렇다면 그 서비스를 위해 필요한 기술은?"
"우선 위치 인식 기술이 있어야 하구요, 그 다음에는 키워드를 인식하는 기술, 간단한 대화가
가능하려면 채팅 프로그램도 탑재해야죠."
"그 중에서 네가 갖고 있는 기술은 뭐야?"
"키워드끼리 인식할 수 있게끔 하는 단어 인식 기술이요."
"그럼 나머지 기술들은?"
"글쎄요. 개발하거나 개발된 것을 사와야죠."
"사오는 것이 나은지 아니면 네 아이템에 맞게 다시 개발하는 것이 나은지는 고민해 봐."
"네. 그렇게 할게요."
"창업을 하기 전에 이미 그런 고민들은 먼저 끝을 내야 하는 거야. 특히 너처럼 기술로 창업을
하려면 오로지 그 기술이 사업의 시작이자 끝이거든. 특허 부분도 잘 알아봐
야 하니 기술거래소 쪽도 알아보고."
"네! 알겠습니다!"
"일단 아이템은 나쁘지 않은데 딱 그것만 하겠다고 결정하지는 말고 다양하게 생각을 펼쳐

독특한 기술과 독창성 있는 기술
기술을 가지고 창업하는 많은 엔지니어들이
범하는 가장 큰 실수 중 하나가 기술에 대한
지나친 과신입니다. 분명 기술은 사업성패에
영향을 미치는 중요한 요소이기는 하지만
기술이 우수하다고 사업성공을 보장하지는
못합니다. 더구나 기술의 우수성에 대한
개념이 엔지니어들의 생각과 시장의
생각이 다르다는 점을 인지하는 것이
중요합니다. 기술개발자들은 자신의 기술이
세계최고이고 최초로 매우 독창적이며
독보적인 기술임을 강조하지만 세계최초의
기술이라는 것은 역으로 생각해보면 아직
시장의 검증이 완전히 이루어지지 않은
것입니다. 과연 세상이 그러한 기술의
혜택을 필요로 하는지도 의문입니다. 이러한
연유로 벤처투자자들은 너무 생소한 기술,
즉 독창적인 기술에 투자하기를 오히려
꺼리게 됩니다. 시장에서 원하는 우수 기술은
종전 기술과 차별되면서 모방하기 어려운
것입니다. 경쟁 기술을 이길 수 있는 독특한
나만의 기술을 연마하는 것, 창업의 큰
무기를 확보하는 일입니다.

지나가다 보면, 걷다보면 보이리라. 통로의 원리.

길을 걷다보면 가끔 옆으로 빠진 또 다른 길을 만나게 됩니다. 하지만 대부분의 사람들은 그 길은 자신의 길이 아니라며 아예 거들떠보지도 않지요. 이건 사업에서도 마찬가지입니다. 자신의 아이템 하나에 몰두하고 집중하는 것도 필요하지만, 사업을 하는 사람이라면 늘 주변에 귀 기울이고 눈도 크게 뜨고 있어야 합니다. 원래 하려던 사업에서 파생된 일들이 더 큰 역할을 하는 경우도 많기 때문입니다. Robert Ronstadt(1988)의 통로 원리(Corridor Principle)란 창업 활동 과정에서 창업 기업가가 창업 전에 보지 못하고, 활용할 수 없었던 또 다른 사업 기회를 새롭게 인식하게 되는 것을 말합니다.

봐. 나 같은 경우도 처음에 하고 싶던 건 다이어트 및 건강용 진단 키트였지만 여러 갈래로 생각을 하다 보니 먼저 의료용 키트부터 개발을 하게 된 거였어. 길은 여러 갈래야. 그러니 그 중에 꼭 한 길만이 정답이라고 단정하지는 말라는 말이지."

"통로의 원리를 말씀하시는 거죠?"

"공부를 아주 안 하지는 않았네. 어쨌든 초기에는 넓게 생각을 펼친 후 조금씩 정리해 가는 것이 가장 중요해. 처음부터 좁은 길로 가려고 하면 나중에 길이 막힌 상황에 처하면 피할 길이 없거든."

"네. 그렇게 할게요."

"일단 그렇게 넓게 생각을 펴고 난 후 필살기를 찾는 거야."

"필살기요?"

"다들 틈새시장이라는 얘기를 하잖아? 그 틈새시장을 파고들 수 있게끔 해주는 게 바로 필살기야. 너만의 무기인 셈이지."

"아, 그렇군요."

illustration by Kang Seong-ill

"그렇다면 지금 네 사업 아이템에서는 어떤 것이 필살기가 될 수 있을까?"

"음. 일단은 연애를 하고 싶어 하는 젊은 친구들에게 강하게 다가가야죠."

"그건 메인 시장이지 틈새시장은 아닌 거 같은데."

"사실 아직은 잘 모르겠어요. 일단은 가격도 부담 없이 잡아 놓은 상태거든요."

"왜?"

"왜냐구요? 그야 보다 많은 사람들이 사용하게끔 하려면 가격이 적당하거나, 더 싸거나 해야
　　　하니까요."

"음. 질문하나만 하자. 300원짜리 껌을 500원으로 올렸을 때랑 1,000원짜리 껌을 700원으로
　　　내렸을 때, 어느 쪽 가격이 더 매력적일까?"

"물론 가격적으로는 500원이 여전히 싸지만 아무래도 오른 것 보다는 내린 쪽이 더 매력적인
　　　가격이겠죠."

"왜?"

"500원 보다는 700원이 더 비싸기는 해도 어쨌건 700원은 1,000원의 가치를 가지고 있었다는
　　　거잖아요."

"응. 이건 그렇게 대답하면서 왜 네 상품을 만들 때는 그런 생각을 적용하지 않아?"

"아…!"

"물론 아이템에 따라 조금씩 차이가 있기는 한데, 어쨌든 낮은 가격을 서서히 올려가며 파는
　　　것보다는 아예 독보적이고 비싼 시장을 노리는 게 수익성 면에서는 나은 부분
　　　들이 있거든."

"하지만 지금 제가 하려는 사업은 일반인들을 대상으로 한 거라서 그렇게 비싸게는 못 할 텐
　　　데요."

"그래서 넓게 생각을 해보라는 거야. 결혼정보 시장이 얼마나 넓어. 그리고 그 중에서도 프리
　　　미엄 시장은 더 특화된 상태란 말이지. 그런 쪽과 연결해 볼 생각은 왜 안 해?
　　　어차피 인연 찾기라는 공통점이 있는데 생각할 수 있는 건 다 생각해 보고 그
　　　중에 필살기로 삼을 것과 꾸준히 수익을 낼 수 있는 것을 잘 선별하면 되는 거
　　　야. 꼭 하나만 선택할 필요는 없어."

"와, 그건 미처 생각을 못했네요. 역시 형님은 생각이 다른 것 같아요."

"생각이 다른 게 아니라 생각을 하는 방법에 차이가 좀 있는 것뿐이야. 넓게 생각해. 넓게."

"넓게. 음. 명심할게요. 넓게. 넓게"

　　　　　계속 '넓게'를 반복하는 병준을 보던 현우가 살짝 불안한 표정이 됩니다.

"넓게 생각하랬다고 무작정 생각을 넓게만 펼치면 또 안 되고."

"으… 넓게만 펼치는 게 안 된다면 좁게도 생각하란 말씀인가요?"

"리스크 관리."

"리스크 관리요?"

"미래의 상황에 대해 사전 대비하는 건데 창업을 하기 전에 사업 계획서를 통해서 사전 점검하게 되지."

"지금 제가 형님을 만나서 하는 얘기들도 그런 거 아닌가요?"

"맞아. 하지만 생각을 넓게만 펼치다 보면 자칫 위험 요소를 간과하고 넘어갈 수 있으니까 '리스크 관리'라는 항목을 잊지 말아야 한단 얘기야. 가끔 현실과 동떨어진 허황된 꿈을 꾸는 사람들이 있잖아. 무조건 잘 될 거라고 밀어 붙이는 거."

"그건 사기꾼 아닌가요."

"사기꾼이랑 청년 창업가… 아주 사소한 부분에서 길이 갈리는 거야. 그래서 사기꾼이 되지 않으려면 사업 계획서를 쫀쫀하게 잘 만들어야 한다는 거고. 남에게 보여주기 위해서도 필요하지만 스스로 생각을 정리하기 위해서도 필수적이라는 거지."

"네. 그렇게 할게요. 그런데 제가 정말 몰라서 그러는데요. 사업계획서를 짜는 건 저 혼자서도 할 수 있지만 창업은 저 혼자서는 힘들잖아요. 대체, 사업을 하려고 할 때 뭐부터 먼저 시작해야 하는 걸까요?"

"순서 말이구나? 그게 궁금해졌다면 이미 창업을 시작한 거나 마찬가지야. 네가 먼저 생각해 봐. 뭐가 필요할 거 같니?"

그때였습니다.

한 50대 아주머니가 사무실 저 바깥에서부터 빠른 걸음으로 현우 자리로 다가와서는 불쑥 얘기를 끊어 버렸습니다.

"손님 계신데 죄송합니다. 영 연락이 안 되어서요."

"홍 이사님…."

"아이고, 대표님. 미팅 중이시더라도 전화는 좀 받으세요. 또 무음으로 해 놓고 계신 거죠?"

"이런, 죄송해요. 저를 찾으셨어요?"

"연구실에서 여기까지 오는 동안 계단이 몇 개나 되는 줄 아세요? 아이고 무릎이야. 여하튼 이게 4차 키트 디자인 나온 거니까 보시고 이따가 말씀 나누시죠."

"예, 알겠습니다. 그리고 앞으론 전화 켜 놓을게요. 하하하."

"만날 말로만 그러시지 말고 진짜 전화 좀 받으세요. 그럼 이따 뵈어요."

덩치가 병준의 두 배쯤 되는 그 아주머니는 현우에게 키트 샘플을 하나 전달해 주고 총총히 사라졌습니다.

"우와! 이 회사에 저렇게 나이 많으신 분도 있어요? 누구세요, 저분은?"

병준의 물음에 현우가 씩 웃음으로 답을 해줍니다.

"저분이, 방금 네가 한 질문의 답이야."

"사업을 성공적으로
이끄는
별다른 비결은 없다.
무엇보다도 당신에게
이야기하고 있는
사람에게 전적으로
주의를 기울이는
것이 가장 중요하다.
이것보다 더 효과적인
사업의 비결은 없다."
- 찰스 W. 엘리엇

22세기 유비

현우의 대답에 병준은 영문을 모르겠다는 얼굴이 됩니다.

"답… 이라뇨?"

"솔직히 저분 첫 인상이 어땠어?"

"뭐… 그냥. 아줌마요."

"그저 동네 마트에서 마주칠 법한 펑퍼짐한 아줌마로만 봤지? 사실 저분은 어마어마한 경력을 가지신 분이야. 우리 회사에서 나보다 연봉이 높은 유일한 사람인걸. 국내 최고 공과대학 출신에, 의대도 나와 외국에서 박사 학위도 두 개나 받았고, 내과의사 경력도 있으셔. 게다가 제약 회사에서 책임연구원으로도 계신 적이 있고. 아마 연구원 경험과 의사 경험을 다 하고 공학까지 통달하신 분은 내가 알기로는 국내에서 저분이 유일할걸."

"우와. 그런 분을 어떻게…?"

"말 그대로 십고초려를 했지."

"십고초려요?"

"응. 네가 조금 아까 사업을 시작하려면 뭐부터 제일 먼저 해야 하냐고 물었지? 그건 바로 바로 사람을 모으는 일이야. 내 사업에 힘이 되어 줄 수 있는 사람을 내 옆에 두는 것. 그게 가장 먼저 해야 할 일이지. 나 같은 경우는 의약품을 만드는 연구소에 있었기 때문에 병원에서 필요로 하는 것과 그걸 어떻게 만들어야 하는지는 알았어. 하지만 내가 만든 것들이 실제로 어떤 사람에게 어떻게 쓰일지는 몰랐고, 만들어낸 기술을 담아내는 패키지에 대한 지식도 없었어. 사실 의료 키트는 그 안에 담긴 시약뿐 아니라 그걸 담아내는 패키지도 굉장히 기술적이어야 하거든. 내 아이디어는 한 마디로 반쪽짜리밖에 안 되는 거였지. 게다가 내가 의외로 숫자에 약하거든. 지금도 매번 빛나한테 혼나는 것 중 하나가 가게에서 거스름돈을 제대로 못 챙겨오는 거라니까."

"형님이요? 의외네요."

"사람이 모든 걸 잘할 수는 없는 거잖아. 그래서 그 부분을 보완해 줄 수 있는 사람을 모으기 시작했어. 재무를 담당해 줄 사람, 디자인을 해줄 사람, 기술을 개발할 사람… 그렇게 내 팀을 만든 거야. 마치 유비가 장비와 관우를 얻은 후 책사인 제갈공명을 얻기 위해 세 번씩이나 찾아갔던 것처럼 나도 내 사업에 필요한 사람을 얻기 위해 사방팔방 뛰어다녔지."

"그럼 저분도 그렇게 모셔 오신 거예요? 어떻게 알게 되신 분인데요?"

"먼저 내가 필요한 사람의 조건을 쭉 생각했어. 이런 경력이 있으면 좋겠다. 이런 경험을 해 본 사람이면 좋겠다. 하는 식으로. 그렇게 조건을 정리한 다음 그런 사람이 있을 법한 회사를 조사하고, 그 사람을 만나기 위해서는 어떤 장소를 가야 하는지

인맥을 어디서 만드냐구요?

에이, 왜 이러세요. 요즘처럼 인맥 만들기가 쉬운 시대가 어디 있다고. 본인이 만들려고만 하면 정말 다양한 사람들을 만날 수 있다는 거 더 잘 아시잖아요. 트위터에 페이스북에, 각종 온라인 커뮤니티까지… 얼마나 많은 사람들을 쉽게 만날 수 있는데요. 그런데 그거 아세요? 누구나 만날 수 있는 이런 인연들은 나 말고 다른 사람에게도 열려 있는 기회라는 사실을. 나만의 기회로 만들기 위해서는 특별한 노력이 필요하답니다. 직접 찾아가거나, 이메일을 쓰거나, 문자를 보내거나, 끊임없이 물어보고 고마움을 표시하거나 하는 과정들 말이에요. 한 예로, 각종 중소기업의 주주총회 날을 노려서 대표이사님을 만나든 각 호텔의 조찬회의에 열심히 참여해 보시는 건 어떨까요. 아니면 남들이 하는 것처럼 이메일이나 비서를 통한 전화 말고 필요하다면 잘 가는 음식점이라도 알아내서 마주칠 기회를 만드셔야겠죠.

잊지 마세요. 인맥은 내가 하는 만큼 만들어진답니다. 그리고 그에 비례해서 일도 만들어진다는 사실을.

를 찾았지. 예를 들어 요즘에는 온라인 인맥 모임 같은 것도 많이 있잖아. 그
안에서 정보를 얻기도 하고, 블로그 같은 것도 많이 돌아다녔어. 의외로 블로
그에 자기 이야기 올려놓으면서 자신이 가지고 있는 재능을 선보이는 사람들
이 많이 있거든. 저분 같은 경우는 논문을 보다가 알게 되었지."

"논문…이요?"

"응. 내가 하려는 사업 아이템을 좀 더 정교화시키기 위해 어느 정도 이론 공부가 필요했는데
그 부분을 채우기 위해서 관련 논문들을 다 찾아 봤거든. 내가 모르고 있는 기
술이 혹시 있나, 내가 생각하고 있는 제품을 이미 이론상으로 발표한 연구 기
관이 있나 싶어서."

"아…그럴 수도 있겠네요."

"응. 그래서 논문을 이것저것 찾아보는데, 눈에 들어오는 논문이 몇 편 있더라고. 근데 그 논
문들 저자가 모두 한 사람인거지. 그래서 아, 이 사람이다 라는 생각에 수소문
하기 시작한 거고."

"거의 탐정 수준인데요."

"탐정보다 더 디테일해야 해, 내가 원하는 인력을 얻기 위해서는. 탐정은 단순히 정보까지만
알아내면 되지만 CEO는 그 사람과 무언가를 만들어내야 하는 사람이니까.
인간적으로 더 많이 얽혀야 하잖아. 아무리 갖춰진 조건이 좋아도 인간성이

illustration by N.J. Sung

안 좋거나 나랑 정말 안 맞는다거나 하면 함께 일하기 힘들지. 그래서 어려운 거야. 사람 찾는 거."

"와, 그러면 대체 어디부터 어떻게 뒤져야 하는 거죠? 갑자기 망망대해 앞에 선 느낌이에요."

"어렵긴. 생각을 어렵게 해서 그렇지 사실 요즘처럼 알려고만 들면 다 알 수 있는 세상이 어디 있나. 생각을 해봐. 유비는 단순히 소문만 듣고도 제갈공명을 찾아내고, 방통 을 찾아냈잖아. 그 시대에 비하면 요즘 시대는 정말 편해진 거지."

"그래도 처음 시작하려는 저에게 있어서는… 시대에 상관없이 막막한 건 마찬가진데요."

"어이구. 시작하기 전부터 이렇게 엄살만 피워서 어떻게 하려고 그러냐. 사업은 첫째도 투지, 둘째도 투지라고. 투지가 지나쳐서 오만방자함이 되면 문제지만 일단은 활활 타올라서 '어떻게든 해보겠다.'라는 마음가짐이 있어야 하는데 말이다. 어쨌 든 내가 아까 얘기했던 것처럼 네가 하고자 하는 사업의 기술에 대한 논문이 나 기사 같은 것을 찾아서 그것과 관계된 사람을 찾아보거나 아니면 비슷한 사업을 하는 업체에서 빼내올 수도 있고. 물론 도의적으로 정당해야겠지만. 음… 그리고 좀 더 넓은 인맥을 빠르게 만들려면 역시 공격적인 접근이 필요 하겠지."

"공격적인 접근이요?"

"응. 무조건 찾아가는 거야. 너보다 훨씬 좋은 인맥을 가지고 있는 사람들을."

"아, 현재 사업을 하고 계신 분들을요?"

"응. 봐봐. 너도 지금 나를 찾아와서 내가 가지고 있는 노하우, 내가 가지고 있는 인맥을 나눠 가지려고 하는 거잖아. 똑같아. 아무래도 먼저 사업을 시작한 사람들이 가지 고 있는 인맥이 더 훌륭하니까 처음에는 그 사람을 통해서 소개받는 거야. 꼬 리에 꼬리를 물고 네 사람으로 만들어 가는 거지. 그렇게 몇 단계만 거치다보 면 네가 처음에 원했던 사람보다 더 나은 사람을 만날 수도 있고, 전혀 다른 사람이 나타나서 미처 네가 생각지도 못했던 부분을 채워 주기도 하고 그래. 조금씩 진영이 갖추어질 수 있게끔 꼴이 만들어진다고나 할까?"

"어… 형님. 좀 뻔뻔한 부탁이긴 한데요. 노하우를 좀 더 알려 주실 수 있으세요?"

"너, 지나치게 날로 먹으려는 거 아니냐? 뭐, 기왕에 도와주기로 했으니 도와주긴 한다만 그렇 다고 해서 내가 한 걸 그대로 따라 하려고 했다가는 큰일 난다. 네 나름의 방 법도 개발해야지. 안 그러면 실패하기 딱 좋을 테니까 말이야."

"네. 명심 또 명심할게요."

"음… 일단 나는 내 사업에 필요한 인력을 두 계층으로 나눴어. 하나는 전문가 그룹, 또 하나는 신입 그룹."

"전문가 그룹과 신입 그룹이라면 일종의 경력사원, 신입사원 뭐 그런 개념인가요?"

"비슷하지만 조금은 달라. 이건 요령에 가까운 것이긴 한데, 회사가 세워진 후 왜, 투자를 받 게 되잖아. 조금씩 차이는 있지만 보통 3개월 안에 기술보증기금에서 일차로 지원을 받고, 그걸 자본으로 해서 6개월이나 1년 안에 벤처캐피털에서 펀딩 을 받게 되거든. 그런데 이제 막 창업한 회사가 3개월에서 1년 안에 가시적인 성과를 만들어내기란 어렵잖아. 특히 우리 같은 기술 창업 쪽에서는 기껏해야 시제품 하나만 내놓아도 정말 다행이지. 그러면 대체 저런 기관들이 뭘 보고 우리한테 돈을 투자할까? 다른 거 없어. 회사에 있는 사람을 보고 하는 거야. 이렇게 투자를 받을 때 들이밀 수 있는 소위, 경력 빵빵한 사람들을 영입해서 임원에 앉히는 게 중요해. 하다못해 비슷한 분야에서 성공한 사람들에게 이사 자리를 하나 내주던가 해서라도 등기에 이름을 올리는 게 중요하지. 이런 사람들을 내가 전문가 그룹이라고 부르는 거야."

"그러면 신입 그룹은요?"

"말 그대로 신입들이야. 모래사장에 숨겨져 있는 진주알 같은 친구들. 반짝거리고 재능도 있는데 아직 사회에 발을 딛지 않은 친구들. 그런 친구들의 장점은 아직 젊어서 비전만으로도 설득이 가능하다는 거야. 물론 그 점을 악용해서 착취할 생각은 아예 말아야 하지만. 어쨌든 좋아, 해보자! 까짓것 내 젊음을 걸고 도전해 보겠어! 하는 친구들은 어디든 있거든. 일단 그런 친구들은 정말 열심히 일을 하지. 밤낮 없이, 즐기면서 말이야. 실제로 연구하고 개발하는 데 있어서는 누구보다 필요한 친구들이지."

"그런데 그런 친구들은 주로 학교에 있을 텐데 어떻게 만나고 알아보죠? 그것 때문에 학교를 다시 다닐 수도 없고."

"찾아가는 거지."

"역시 또 찾아가는 건가요?"

"당연하지. 직접 발로 가서 해결을 하는 게 제일 빨라."

"무작정요?"

"응, 무작정. 난 그랬어. 학교마다 동아리가 있잖아. 연관성 있을 것 같은 동아리 앞에 죽치고 앉아 한 사람 한 사람한테 내 사업 아이템을 설명하기도 했고, 애들이 모여서 술 마신다는 얘기 들리면 가서 술값도 계산했어. 그리고 학과 교수님들한테도 인사하면서 안면 익히고 나서는 괜찮은 친구들을 소개 받기도 하고. 지금 밖에서 일하고 있는 젊은 친구들 중 3분의 1은 내가 직접 그렇게 뽑아 온 친구들이야. 그리고 나머지도 그 친구들이 자기가 아는 친구, 형, 동생을 데려와 준 거고."

"와, 말 그대로 꼬리에 꼬리를 문 인맥이네요."

"그래서 내가 아까 얘기했잖아. 사람이 사람을 소개해 주는 게 얼마나 중요한 건지."

"그러게요. 확 와 닿는데요."

"응. 그런데 이 인맥이 정말 중요해. 사업을 시작하기 전뿐만 아니라 사업을 시작한 다음에는 훨씬 더 중요해지지."

"일을 만드는 것도, 일을 하는 것도 사람이기 때문인 건가요?"

"응. 그래서 난 지금도 누가 만나자고 하면 웬만해서는 거절하지 않아. 뭐, 사업이 이쯤 커지니까 만나는 사람들 중에 빈대처럼 들러붙어서 뭘 얻어내 보려고 혈안이 된 사람도 있고 아무것도 아는 것 없으면서 자기가 알고 있는 게 전부인양 거들먹거리는 사람도 있고… 정말 별의별 사람들이 다 있지만 또 그런 사람들에게도 나름 배울 것이 있거든."

"예컨대 저렇게 살지 말아야지 뭐 이런 거요?"

"그렇지. 왜 누가 그랬더라? 만나는 모든 사람이 스승이라고. 사업에서는 그 말이 정말 맞는 거 같아. 한 잘난, 나 잘난으로 똘똘 뭉쳐서 고개 빳빳한 사람들도 직접 만나서 얘기를 듣다 보면, 아 네가 그래서 주변에 사람이 없구나. 있는 척해도 너는 어쩔 수 없이 돈을 따라 움직이는 속물이구나, 이런 것들이 보이거든. 그러면서 반면교사 하는 거지. 나는 저러지 말아야지, 하고."

"그런데 그렇게 일일이 사람을 만나다 보면 힘들지 않으세요?"

"힘들지. 근데 너도 해보면 알겠지만 어느 정도 사업이 궤도에 오른 후에 사장이 하는 일은 밖에서 사람 만나는 일이야. 회사가 정체되지 않도록 자꾸 밖에서 새로운 정보를 물어오고, 시장의 흐름을 파악한 후 회사의 방향을 다시 잡고, 신규 아이템

illustration by NJ Sung

을 개발하고, 새로운 일을 가져오고. 그게 사장이 하는 일이거든. 회사는 하나의 유기체여서 새로운 것을 수혈하고 다듬고 변하지 않으면 어느 순간 썩어서 무너질 수밖에 없어. 밖에서부터 무너지는 게 아니라 안에서부터 무너지는 게 정말 무서운 거거든. 그걸 막기 위해서 자꾸 다양한 사람을 만나 새로운 길을 모색하고, 회사의 끝과 존속을 고민하는 거야."

"끝이요? 회사를 한번 시작했으면 계속 해야 하는 거 아니에요?"

"음. 이건 좀 어려운 얘기고 앞으로도 여러 번 나눌 이야기니까 길게 하지는 않겠지만, 한번 생각해 봐. 우리나라에 30년 이상 운영되고 있는 중소기업들이 얼마나 있는지. 더더군다나 기술 사업 분야에서 말이야. 기술이 변하는 속도가 빠른 만큼 회사도 빠르게 변해 줘야 해. 내가 얘기하는 끝과 존속은 변화에 대한 대처를 말하는 거야. 그게 회사 자체의 변화이건 시장의 변화이건 간에 사장의 역할은 무조건 변화의 한가운데서도 중심을 잡고 어느 방향으로 갈지를 결정하는 거지."

"와, 정말 어렵네요."

"어렵지. 하지만 잊지 말아야 할 것은 사람이 전부라는 거다."

현우의 말에 병준은 알겠다는 듯 한참 동안 고개를 끄덕입니다.

사업이 수학인가요?
웬 공식?

"그런데, 너 내가 한 얘기 죄다 기억할 수 있겠어?"

아까부터 병준의 손을 흘낏거리며 보던 현우가 결국 한마디 합니다. 사실, 메모할 생각은 전혀 않은 채 그저 듣기만 하는 병준이 내내 신경이 쓰였거든요.

"네? 아… 그럼요. 충분히 기억할 수 있을 거예요."

"사람의 기억력이 얼마나 짧은데 이 모든 얘기를 다 기억할 수 있을 거 같아? 앞으로 다른 사람과 얘기를 하게 되면 꼭 메모를 하도록 해. 사실 간단한 거 같지만 꽤 많은 사람들이 놓치는 부분이야. 말하는 사람의 입장에선 자신의 이야기를 메모하는 사람을 만나면, 아 저 사람이 내 얘기를 참 열심히 듣고 있구나 하는 생각이 들어 조금이라도 더 말해 주고 싶거든. 그런데 아무런 제스처도 없이 그냥 앉아 듣고 있는 사람을 보면, 과연 저 사람이 내 얘기를 듣고는 있나? 하는 생각에 대충 말하게 된다구. 만약 네가 정말 머리가 좋아서 듣는 대로 다 기억한다 할지라도 그 정도의 성의 있는 모습은 보여 주는 게 옳아."

"이런, 죄송해요. 제가 정말 기본이 부족하네요…."

"고쳐 가면 되지. 아직까지는 안에서 새는 바가지, 잘 고쳐서 밖에서 안 새게 하면 되는 거야."

"네! 알겠습니다."

"음… 그런 의미에서 강의를 좀 들어 보는 게 어때?"

"네? 강의요?"

"응. 일단 내가 아는 창업대학원 교수님께 부탁을 드려 놓을 테니까 창업대학원에서 진행되는 강의 몇 가지를 좀 청강해 보고… 너희 모교에 창업보육센터가 있다고 하던데 거기도 연락해서 특강 같은 게 있다고 하면 당분간 좀 챙겨서 듣도록 해. 다양한 사람들의 이야기를 꼼꼼히 챙겨서 들어두는 게 중요하거든."

"음, 다양한 조언을 들어 보라고 하시는 거죠? 그럴 거면 현재 기업을 운영하고 계신 분들을 찾아가 이야기를 듣는 게 낫지 않을까요?"

"요는 균형이거든."

"균형… 이라뇨?"

"가끔 창업해서 성공한 사람들에게 당신은 어떻게 성공하셨습니까? 라고 질문을 던지면 거의 소설 4-5권 분량의 무용담을 펼쳐놓는 경우가 있어. 자기 얘기를 각색하기 시작하는 거지. 물론 그 안에서도 얻어낼 팁이 많겠지만 그런 얘기만 듣다가는 둘 중 하나야. 꾸어서는 안 될 엄청난 꿈을 꾸게 되거나 아예 질려서 나 같은 사람은 하면 안 되겠다는 생각을 하거나. 그래서 이론적인 공부도 함께 병행해야 한다는 거야."

"사실, 예전부터 궁금한 게 있기는 했는데요. 사업도 이론적인 게 적용이 되나요?"

"솔직히 그렇다고도, 아니라고도 단정 지어 말하긴 쉽지 않아."

창업도 배울 수 있습니다.
창업 대학원에서요!
위대한 기업가는 타고나기 보다는 기본적인 실전학습훈련과 실전 사업경험 및 노하우 체득을 통해 만들어집니다. 중소기업청이 2004년 이후 지원 육성하고 있는 전국 5개 지역의 국책 창업대학원 창업학과는 바로 미래의 기업가, 사장을 육성하는 학과입니다. 창업대학원의 교과과정은 위대한 기업가가 되기 위한 기본 알고리즘을 기반으로 필요한 역량 훈련과정으로 구성되어 있으며 실전 훈련 중심으로 이루어집니다. 이러한 훈련과정을 통해 창업대학원은 자신의 사업에 필요한 인맥구성의 방안과 플랫폼도 제공하고, 창업 아이템을 가진 사람은 창업대학원 교과과정 이수를 통해 다양한 실전훈련을 할 수 있습니다. 매력적인 사업모델을 개발하고 가치 있는 사업계획서를 작성할 수 있을 뿐 아니라 이 과정을 통해 창업자는 적어도 실패하지 않는 창업과 사업의 기본기를 습득하게 됩니다. 특히 이러한 창업학 학습은 미국의 경우 1952년 이후 60년 이상의 역사를 가진 학문분야이며 각 창업대학원은 알고리즘 기반의 실전교과과정을 제공하며 미국 내 수많은 창업자 배출의 요람이 되고 있습니다.

"그러면 왜 제게는 이론을 공부하라고 하시는 거예요?"

"실패하지 않기 위해서."

"실… 패요?"

"응. 창업을 하는 사람들에게 당신의 최종 목표가 무엇이냐고 물으면 다들 대기업 총수나 돼야 할 수 있는 것들을 말하곤 하지. 그런데 그렇게 큰 성공에 이를 확률은 정말 회박하거든. 오히려 다 잃고 쪽박 찰 가능성이 훨씬 높지. 그 쪽박 찰 확률을 낮춰 줄 수 있는 게 바로 공부야. 이론 공부."

"의외네요. 전 오히려 형님이 실전사례에 대해 더 많이 공부하라고 그러실 줄 알았거든요."

"말했잖아. 균형이라고. 예를 들어서 지금 네가 MBA를 마치고, 회계사 자격증까지 있는 친구를 재무담당 이사로 영입했다고 치자. 그러면 안심할 수 있을 거 같지? 재무 부분은 전부 그 사람이 알아서 할 테니까."

"그렇죠. 그러려고 그런 사람을 고용한 거잖아요."

"좋아. 그러면 그 사람이 너한테 와서 회사의 자금 사정이 어떻고, 지금 시점에서는 어디서 펀딩을 받아와야 하고, 펀딩받은 금액의 몇 퍼센트는 R&D에 쓰고, 몇 퍼센트는 어디다 써야 한다는 이야기를 늘어놓으면 제대로 알아들을 수나 있겠어?"

"어… 전부는 아니겠죠."

"그때부터 문제가 시작되는 거야."

"네? 문제라뇨?"

"전문가를 잘 활용하려면 적어도 네가 그 사람이 하는 이야기의 핵심이 무엇인지, 그가 얘기하고 있는 것이 네 회사에 어떤 작용을 할 것인지 정도는 알아야 해. 그래야 동의를 하거나 어떤 게 더 낫겠다고 보완이나 조정을 해줄 거 아니야."

"아, 그러네요. 그러니까… 일을 시키려면 그 일이 어떻게 돌아가는지에 대해서도 정확히 알아야 한다는 말씀이신 거죠?"

"맞아. 그래서 공부가 필요한 거야. 대표이사의 자리에 오르려면 모르는 분야를 남겨 둬서는 안 돼. 회계, 법률, 인사 운영은 물론이고 심지어 필요한 경우에 대비해 사람들을 다루는 심리학까지도 어느 정도는 알고 있어야 한다고."

"회사를 운영한다는 게 정말 쉬운 일이 아니군요."

"그러니까! 신중해야 하고, 한번 시작하면 목숨 걸고 해야 하는 거지. 자, 여기 창업대학원 교수님 전화번호. 내가 먼저 연락해 놓을 테니 전화부터 드리고 찾아가 봐. 아니면 수업 청강을 좀 요청해 보든가."

"네. 알겠습니다. 고맙습니다."

병준은 현우로부터 전화번호를 받아들고 사무실을 나섭니다.

'와, 시작도 하기 전부터 이렇게 준비하고 배울 게 많을 거라고는 생각도 못했네. 내가 정말 제대로 창업을 할 수 있는 걸까?'

창업을 준비하기 위해 현우에게 조언을 구하고 이야기를 듣기 시작한 지 일주일째. 병준은 갑자기 겁이 더럭 납니다. 막상 부딪혀 보니 창업이라는 것이 생각했던 것보다 훨씬 더 많은 것을 고려하고 고민해야 되는 일이라는 생각이 들었거든요. 한참을 복도에서 서성이던 병준이 어디론가 전화를 겁니다.

"어, 빛나야. 나야. 너 혹시 내일 시간 좀 있어? 토요일이잖아. 간만에 데이트나 할까 해서."

"사업 준비 때문에 바쁜 거 아니었어? … 뭐 다른 일 있는 거지?"

"아… 사실은 현우 형이 학교 내에 있는 창업보육센터랑 창업대학원에 좀 가보라고 하셨는데 혼자 가기가 좀 그래서… 같이 가 달라고 부탁하려고 했지."

병준의 머뭇거리는 목소리를 듣던 빛나는 피식 웃어버립니다.

"그래, 알았어. 대신 내일 데리러 와야 해. 그리고 맛있는 것도 사줘야 하고."

못 이기는 척 승낙하는 빛나의 대답에 병준의 얼굴이 금세 밝아집니다. 사실 자신의 창업에 적극적으로 반대하던 빛나가 여전히 자신에 대한 화가 풀리지 않았으면 어떻게 해야 하나 걱정을 하던 참이었거든요.

다음 날, 빛나와 함께 창업보육센터를 찾은 병준은 감개무량한 얼굴입니다.

"우와, 여긴 하나도 안 변했네. 아닌가? 훨씬 북적거리는 느낌이기는 하다."

"여기가 뭐 하는 데야?"

"뭐랄까. 창업을 처음부터 시작할 수 있도록 도와주는 곳이야. 내가 좋은 아이템이 있어서 그걸 바탕으로 사업을 하고 싶은데 뭘 어디서부터 어떻게 시작해야할 지 막막할 때 도움을 주는 곳."

"멘토링 서비스 같은 거?"

"음, 그건 당연히 기본으로 해주고 사업장을 임대해 주기도 해. 기본 입주기간은 센터마다 조금씩 다르긴 한데 어쨌든 일반적인 건물에 비해 보증금이나 임대료가 훨씬 싸거든. 이런저런 다양한 혜택도 있고, 한마디로 돈 없고 아이디어는 많은 나 같은 창업 꿈나무들을 위한 보육시설이지."

"학생 시절에 창업하려는 사람들에게는 확실하게 도움이 되겠네."

"응. 아무래도 각 분야의 전문가들이 계시니까 사업계획서 짜는 것부터 필요한 사람을 만날 수 있게 연결해 주시는 것까지 다 도와주시지. 그리고 창업보육센터를 통해 창업한 선배들이랑 연결될 수도 있고."

"오늘은 왜 왔는데?"

"아, 마침 현우 형이 추천해 주신 창업대학원 교수님이 오늘 여기서 특강을 하신대. 따로 찾아가서 얘기를 들어보려고 연락을 드렸는데, 오늘 특강을 하신다고 아예 강의를 한번 들어보는 게 어떻겠냐고 하시더라고. 그래서 왔지."

"뭐야. 그러니까 정말 간만에 데이트를 하자면서 뭔가 신선하고, 즐거운 이벤트가 아니라 강의를 같이 듣는 프로그램을 들고 나왔다는 거네."

"에이, 두 시간짜리 특강인데. 우리 특강 듣고 영화 보러 가자. 응?"

모처럼의 데이트 신청에 들떠 공들여 멋을 부리고 온 빛나는 어이없다는 얼굴로 병준을 바라봅니다. 그런 빛나를 보며 병준은 미안한 마음에 시선을 슬쩍 돌립니다. 그때, 어디선가 반갑게 누군가를 부르는 소리가 들립니다.

"야, 서빛나! 너 빛나 맞지?"

빛나가 돌아보자 복도 끝에서 양손을 저으며 뛰어오는 여자가 있습니다.

"꺄악, 지은아! 어머 세상에! 너 여긴 어쩐 일이야!"

상황파악이 제대로 안 돼 멀뚱멀뚱 서 있는 병준을 가운데 두고 빛나는 간만에 만난 친구를 끌어안고 펄쩍펄쩍 뜁니다. 어느 순간 흥분이 가라앉기 시작한 빛나가 그제야 뻘쭘하게 서 있는 병준을 친구에게 소개시켜 줍니다.

"아, 병준 씨 미안. 여긴 내 친구 지은이. 그림 그리던 친구야. 고등학교 때부터 친구였고 대학도 같이 다녔는데 어느 날 갑자기 나를 버리고 유학 가버렸거든."

"야, 버리긴 누가 버려. 한국 오자마자 네게 전화했더니 전화번호가 결번이라고 나오던걸!"

"아, 전에 스마트 폰을 구입하면서 번호가 바뀌었거든! 넌 아주 들어온 거야? 지금은 뭐해?"

"그래픽 디자인도 하고, 캐릭터 디자인도 하고, 가끔 알바로 일러스트도 그리고… 그냥 그런 거 하면서 살지. 그런데 넌 여기 어쩐 일이야?"

"말도 마. 이 사람이 창업을 하겠다는 바람에 팔자에도 없는 창업 강좌를 들으러 왔잖아."

"아, 정명호 교수님 강연? 나도 그거 들으러 왔어. 창업이라도 해볼까 해서."

창업인을 품어서 키우는 곳, 창업 보육센터

창업보육센터(Business Incubator; BI)는 기술과 아이디어는 있으나 제반 창업여건이 취약하여 사업화에 어려움을 겪고 있는 예비창업자와 창업초기기업을 일정기간 입주시켜 기술개발에 필요한 창업공간 제공, 기술 및 경영지도, 자금지원 등 창업에 필요한 종합적인 지원을 통해 창업 활성화에 기여하고 있는 기관입니다.

창업보육센터에 입주하기 위해서는 우선 상담을 받아야 합니다. 그리고 대상자별로 특화된 지원 프로그램을 마련하기 위해 사전 진단을 합니다. 다음으로 창업 교육을 듣습니다. 창업센터에서는 정책지원세미나, 창업 강좌를 개최하고 사례탐구, 워크숍 등의 참여형 교육을 실시합니다. 개인별 수준에 맞는 창업계획 수립, 마케팅 방법, 자금조달 방법 등으로 맞춤형 교육을 실시합니다. 그 다음 단계는 사업화 지원으로 창업공간 지원을 통한 창업 준비, 전문적이고 책임 있는 멘토를 통한 창업 및 사업화 지원, 기창업자와의 노하우 공유 실시, 중소기업 지원기관과 연계해 사업화를 지원합니다. 이러한 과정이 끝나면 예비창업자 특화센터 입주나 창업보육센터 입주가 가능합니다. 창업보육센터 입주 후에도 창업지원프로그램은 지속적으로 적용이 되며, 지속적인 멘토링도 지원해 줍니다. 전국 창업지원센터를 검색하여 확인하고 싶은 분은 검색창에 '창업보육센터 네트워크 시스템(www.bi.go.kr)'을 치시면 센터 검색 및 입주절차 등 자세한 내용을 확인할 수 있습니다.

"진짜?"

"뭐…. 이 강좌에는 제법 될성부른 남자들이 모인다는 정보도 한몫했지만 말이야."

"말 된다."

"하여간 잘 됐다! 같이 듣지 뭐!"

"그래! 강연 끝나고 같이 밥이나 먹자. 병준 씨, 괜찮지?"

빛나의 물음에 병준은 말없이 고개만 끄덕입니다. 솔직히 좀 얼떨떨하거든요. 사정이야 어쨌든 덕분에 빛나가 툴툴거리던 것을 멈추고 함께 강연을 듣기로 했으니 병준으로서는 오히려 행운이 찾아온 셈입니다.

두 시간에 걸친 강연이 끝났습니다. 그런데 강의실을 나오는 세 사람의 얼굴이 1박 2일 동안 설악산 종주를 한 사람의 표정같이 피로로 가득합니다.

"대체, 저 얘기를 왜 우리가 듣고 있어야 했던 거지?"

침묵을 깬 사람은 지은입니다.

"야, 난 집에서도 매일 우리 둘째 오빠한테서 듣는 얘기, 여기까지 와서 또 들을 줄은 몰랐다."

빛나가 고개를 설레설레 저으며 지은의 말에 맞장구를 칩니다.

"소득이 아주 없지는 않아. 듣고도 몰랐던 용어들은 많이 알게 되었으니까."

"어쨌든, 나름 존경스럽다. 끝까지 포기하지 않고 결국은 사업을 잘 하고 계신거니까."

지은과 빛나가 나누는 대화를 들으며 병준이 한 마디 덧붙입니다.

"나는 현우 형이 왜 저 사람 이야기를 들어보라고 했는지 알 거 같아."

"왜?"

"본인이 사업도 해보고 이론도 잘 아는 사람이라고 스스로를 소개했잖아. 그런데 특강을 듣다 보니 정작 실전에서 제대로 성공시킨 사업은 하나도 없더라고. 어쨌든 지금은 사업도, 강의도 성공적으로 하고 계시긴 하지만."

"그런 사람이 어떻게 사업 컨설팅을 하는 거야?"

"누구보다 잘할 수 있을지도 모르지. 실패의 경험이 많은 사람이니까. 실패의 데이터를 통해 성공에 대한 비전을 누구보다 생생하게 제시해 줄 수 있는 거 아닐까?"

"아, 몰라. 하여간 돈 날리고 사람 잃은 얘기만 두 시간 내내 들었더니 골이 다 아파. 밥 먹으러 가자. 지은이 너도 같이 갈 거지?"

빛나가 지은에게 동행할 것을 권합니다.

"그래, 그러자. 스스로 한심하다는 생각이 드니까 갑자기 배가 고파지네."

"무슨 말이야?"

"사업이나 한번 해볼까? 하는 마음으로 사업을 시작해선 절대 안 된다는 교훈을 얻었어. 오늘 내가 얻은 강연의 성과는 그거야."

지은이 고개를 설레설레 저으며 얘기하는 것을 듣던 병준이 묻습니다.

"어… 지은 씨는 무슨 사업을 하고 싶으셨는데요?"

"뭐, 딱히 없었어요. 그냥 그림 그리는 재주랑 그래픽 프로그램 다루는 기술이 있으니까 그걸 가지고 뭘 좀 해볼까 했던 거죠. 게임회사 같은 데 취직해서 아이들 좋아하는 이등신 캐릭터만 그리면서 시간을 흘려보내고 싶진 않고… 그래서 그냥 뭐 해 볼 만한 거 없을까 하고 한번 와본 거예요."

"하긴, 네가 학교 다닐 때부터 그림 하나는 기막히게 잘 그리긴 했어. 왜, 여자애들 완전 두근 거릴 만한 몽환적이고 아련한 그림들. 기억나니? 네가 그린 연애하는 남녀 그 림 한 장 얻겠다고 반에서 싸움까지 난 적도 있었잖아. 우리 2학년 때."

"아, 맞아. 그때는 그런 연애하는 남녀 그림에 왜 그렇게 집착했는지. 내 그림이 인기가 좀 좋 았어. 그치?"

"인기가 좋다 뿐이야? 코팅해서 모으는 애들까지 있었는데. 왜, 애들이 부적처럼 가지고 다녔 잖아. 네 그림 가지고 다니면 그림처럼 멋진 남자가 나타날 거라고."

"아, 내가 그때 그걸로 장사를 했어야 했어. 그랬으면 지금쯤 청담동에 빌딩 하나 정도는 올렸 을 텐데. 지금 와서 후회해 봐야 소용없지만."

빛나와 지은이 하던 얘기를 듣던 병준이 불쑥, 지은에게 혹시 포트폴리오를 좀 볼 수 있겠냐고 묻습니다. 느낌이 와서 잡아야 될 것 같은 사람이 있으면 잡으라는 현우의 말이 머리를 탁! 하고 쳤거든요.

"포트폴리오요? 왜요?"

"사실, 제가 지금 하려는 사업에 지은 씨 같은 사람이 꼭 필요하거든요."

"네?"

"느낌이 왔어요. 어떤 그림으로 어떻게 사람들을 꼬실 수 있을지에 대한 느낌."

병준의 얼굴이 반짝거리면서 상기됩니다.

"이건, 또 다른 붉은 실이 분명해요. 사업상의 붉은 실."

혼자 중얼거리는 병준을 지은과 빛나가 어이없다는 듯 바라보고 병준은 그런 두 사람의 시선에는 아랑곳하지 않고 혼자 제자리에서 왔다 갔다 하면서 사업 구상에 몰두하고 있습니다. 그런데 그 모습이 그 어느 때보다 멋져 보여 사실 빛나는 조금 놀라고 있습니다.

'… 저렇게 근사해 보이면 더 이상 반대하기 힘들잖아. 에휴, 진짜.'

빛나는 입으로는 한숨이 나왔지만 병준을 바라보는 눈가에는 살며시 미소가 떠올랐습니다.

병준에게 오늘은 행운의 날이네요. 여자 친구의 지지도 얻을 것 같고 함께 일 할 사람도 찾았으니까요. 같이 일하는 거야 물론 지은이 승낙을 해줘야 하는 것이지만 말이죠.

창업대학원 창업자 성공 이유

해마다 전국 5개 국책 창업대학원에 입학하는 인원은 5개 각 30명씩 총 150명입니다. 창업대학원 입학시 2010년 8월말 기준으로 연평균 33명의 기존창업자가 입학하고 연평균 44명의 창업자가 졸업을 하고 있습니다.

창업자의 순증가는 33%이지만 창업자의 질적 요소는 판이하게 달라집니다. 즉 창업대학원에서 석사과정을 거치면서 새로운 아이템을 발견하게 되거나 기존 사업 아이템을 확장 또는 수정함으로써 새롭고 커다란 기회를 찾아가는 것입니다. 창업을 하려고 입학했던 학생이 창업 교육을 이수하는 과정에서 창업 준비에 소홀함을 발견하고 창업 준비 기간을 더 늘리기도 합니다.

창업대학원을 졸업한 창업자들의 특징은 실패 확률이 적다는 것입니다. 2년 동안의 다양한 교육 과정 중에서 창업 성공요인과 실패요인을 간접적으로 경험하게 되고, 창업 과정에 필요한 실무 방법들을 사전에 익힘으로써 실패 확률을 줄일 수 있게 된 것입니다.

죽음의 계곡

'죽음의 계곡'은 외국 어디쯤 있는 계곡의 이름이 아닙니다.

'죽음의 계곡'이란 창업 후 통상 6개월에서 1년 정도 지났을 때 나타나는 사업에서 말하는 '죽음의 계곡'이란 창업 후 통상 6개월에서 1년 정도 지났을 때 나타나는 현상을 일컫는 말입니다. 회사 내의 자금이 말라 사업을 제대로 펼쳐보지도 못하고 고사당하는 위험 상태를 죽음의 계곡이라고 말하는 것이지요. 물론 사업을 진행하다 보면 몇 차례 위기를 겪게 마련이지만 제일 처음 맞이하는 이 시기를 제대로 넘지 못하면 기업은 꽃도 피우지 못하고 사라지게 됩니다. 살아남더라도 용역 등의 생존 사업을 위주로 하는 좀비 기업으로 전락하게 됩니다.

하지만, 초기 자금을 잘 확보하고, 신속하게 매출을 일으킨다면 큰 어려움 없이 그 시기를 넘어갈 수 있습니다. 죽음의 계곡… 창업하는 기업이라면 반드시 극복해야 할 시련입니다.

하지만 기억해야 할 것은, 아무리 무서운 죽음의 계곡이라 할지라도 준비된 자에게는 기회의 계곡이 될 수 있다는 것입니다.

유혹의 기술

"그럼, 잘 부탁드립니다. 디자인 파트 김지은 이사님!"

밤 열두시 반. 시내의 한 호텔 바 라운지. 병준이 벌떡 일어서서는 지은에게 90도로 인사를 합니다. 자그마치 여덟 시간에 걸쳐 자신의 사업에 대한 설명을 들려주고 이제 막 지은의 오케이 사인을 받아낸 참입니다.

"그나저나 진짜 대단하시네요. 추진력 하나는 지금까지 만났던 사람 중에 최고인 것 같아요. 끈질긴 것도 그렇구요."

"얘, 나 이 사람이랑 벌써 4년째 만나고 있거든? 근데 이런 모습 나도 처음 본다."

지은과 빛나가 잔뜩 지친 얼굴로 고개를 설레설레 젓습니다.

하지만 병준의 눈은 조금도 지친 기색 없이 초롱초롱하기만 합니다. 지은과 이야기를 나눈 여덟 시간 동안 지은이 얼마나 톡톡 튀는 아이디어를 가득 가지고 있는지, 얼마나 창의적인지, 이해력이 얼마나 좋은지 알게 되었기 때문입니다. 게다가 어쩐 일인지 빛나까지 병준의 말을 거들면서 지은을 설득해 주는 바람에 병준은 지금 잔뜩 들뜬 상태입니다.

"보아하니, 얘기가 잘 끝난 모양이지?"

"어, 형님! 여긴 어떻게 알고 오셨어요?"

현우가 일행 앞에 불쑥 나타나자 병준이 반색을 하며 일어납니다.

"어쩐 일이긴. 하나밖에 없는 여동생님께서 문자를 치셨더라. 와서 자기 좀 데리고 가라고. 누구 명이라고 거절하겠어. 얼른 달려와야지."

보아하니, 빛나가 오빠에게 데리러 오라는 문자를 보낸 모양입니다.

"이런, 죄송해요. 제가 얼른 돈 많이 벌어서 차부터 살게요."

"어허. 돈 많이 벌어서 차 살 생각부터 하면 어떻게 해? 사업하는 사람이 시작하기 전부터 좋은 차 탈 생각, 좋은 음식 먹을 생각 하면 안 돼. 그런 건 사업이 잘 되면 부수적으로 다 따라붙게 되는 옵션들이야. 메인을 생각해야지. 메인을."

"에이, 형님도 참. 다 알아요. 아, 맞다. 소개시켜 드릴게요. 이쪽은 김지은 씨. 방금 제 회사 디자인 이사님으로 영입했어요."

병준이 자랑스럽게 지은을 소개합니다.

어라, 그런데 이게 어쩐 일이죠? 방금까지만 해도 잔뜩 절여진 배추처럼 시들시들 지쳐 있던 지은이 어느새 파릇파릇하게 살아났습니다. 게다가 언제 화장을 고친 건지 입술에는 립글로스가 반짝거리고 있습니다.

"안녕하세요. 김… 지은이라고 합니다."

게다가 목소리는 어찌나 나긋나긋한지요. 그 모습을 보던 빛나가 어이없다는 듯 웃음을 크게 터뜨립니다.

"야! 우리 오빠거든?"

illustration by Jeung Won-kyo

빛나가 뭐라고 하건 말건 지은은 아랑곳없이 계속 현우에게 방실방실 웃어 주고 있습니다.

"빛나랑은 고등학교 때부터 친한 친구였어요. 만나 뵈어서 반가워요."

이런, 여간해서는 표정에 변화가 없는 현우도 살짝 당황한 모양입니다. 얼굴이 붉어지네요. 어두운 조명이라서 표가 많이 나지 않는 것이 다행입니다.

"아, 예. 서현우입니다. 그런데 어떻게 병준이 사업에 함께하시기로 한 거예요?"

"뭐, 다른 거 있나요. 열정과 비전. 그 두 단어에 넘어갔죠. 제가 원래 눈앞의 이익보다는 꿈과 희망에 인생의 무게를 두고 사는 캐릭터거든요."

"아‥ 예."

조금 전까지만 해도 월급은 최소 얼마 이상 보장해 줘야 한다며 열 번도 넘게 못 박았던 지은이 다소곳한 자세로 현우에게 하는 말을 듣자 빛나와 병준의 입이 떡 벌어집니다.

illustration by Jeung Won-kyo

'자기, 조심해야겠는데? 저렇게 앞뒤가 다르면 같이 일하기 힘들지 않겠어?'

빛나가 병준에게 속삭입니다.

'괜찮아. 현우 형한테 완전 뿅 갔는데 뭐.'

'그러려나? 여하튼 오늘은 이래저래 당황스럽네.'

병준과 빛나가 자신의 이야기를 하는 걸 아는지 모르는지, 지은은 이제 현우에게 공손을 넘어 애교를 부리고 있습니다. 어쩌면, 현우의 붉은 실이 이제야 나타난 건지도 모르겠다는 생각을 하며 병준은 이제 막 시작하는 사업의 좋은 징조라 생각하기로 맘먹습니다.

"참 형님. 그리고 혹시 아는 후배 중에 소프트웨어 개발 잘 하는 친구 있나요?"

지은이 현우에게 퍼붓던 질문 공세가 잠시 멈춘 틈을 놓치지 않고 병준이 현우에게 질문을 던집니다.

"글쎄. 내가 아는 녀석들은 죄다 사업을 하거나 아니면 나랑 일하는 친구들이라. 왜?"

"아뇨. 지은 씨도 함께 일하기로 했고 하니 얼른 사업체를 차릴까 해서요. 그러려면 일할 친구들을 먼저 찾아서 팀을 만드는 게 중요하다고 그러셨잖아요. 완전히 맨바닥에서 구하는 것보다는 형님으로부터 소개받을 수 있으면 좋을 거 같아서요."

"음. 내가 소개해 줄 수 있는 친구는 딱히 없을 거 같아."

"아, 그러세요?"

현우에게서 좋은 소식을 들을 수 있을 거라 기대했던 병준의 얼굴에 살짝 실망이 스쳐 지나갑니다.

"음, 지금 찾으시는 게 컴퓨터 프로그래머인 거죠?"

두 사람의 대화를 듣던 지은이 불쑥 끼어들어 병준에게 물어봅니다.

"그렇죠. 혹시 아는 사람이라도 있어요?"

"아니, 얼마 전에 잡스 리스트에 올라온 애들 중에…."

"잡스 리스트요?"

"대한민국 스티브 잡스가 될 확률이 높은 싱글들을 추천하는 리스트가 있어요. 최고의 신랑감 후보들을 뽑는."

거기까지 말하던 지은이 현우를 의식하고는 얼른 수습을 합니다. 자기가 관심이 있어서 그런 게 아니라는 둥, 자기는 그렇게 조건을 따지는 여자가 아니라는 둥 하면서 말이죠. 답답해진 병준이 얘기를 계속해 보라고 하자 지은이 설명을 이어갑니다. 그 리스트에 올라온 후보 가운데 실력으로는 최고인데 외모가 심하게 딸려 인기가 없는 친구가 있다는 것입니다. 어찌저찌 하다가 우연찮게 그 친구를 만날 일이 있었는데 세 살이나 어린 친구라 같이 밥 먹고 술마시고 하다 보니… 그냥 친한 누나 동생 사이가 되었다는 것입니다.

"그 친구가 혹시 어떤 프로그램 만드는지 얘기한 적 있어요?"

"음… 무슨 얼굴 인식으로 비슷하게 생긴 동물 찾아 주는 프로그램 같은 거였는데."

"아, 정말요? 회사에 다니는 친구는 아니구요?"

"아니에요. 학교에 다니고 있어요. 아마 올해 졸업반인가 그럴걸요."

"소개 좀 시켜 주세요. 전화번호 있으세요?"

"아… 그게. 그 친구가 좀 특이해서요. 뭐랄까. 학교 연구실에서 살다시피 하는데 하루 24시간 중에 20시간은 연구하는 친구거든요. 그리고 그때는 전화도 안 받고… 거의 연락이 안 돼요."

"아, 그럼 학교라도 알려 주세요. 찾아가죠 뭐. 이름이 뭐에요?"

"진구. 아니 정구였나? 아, 정구요. 성이 정 씨고 이름이 구. 과는 무슨 과였는지 잘 생각나지

않지만 그 학교에서는 '데굴데굴 정'으로 유명하다니까 아마 물어보시면 찾기
　　는 쉬울 거예요."

"데굴데굴 정이요?"

"엄청 거구거든요. 한 120킬로그램쯤 되려나. 허구한 날 앉아서 연구만 하니까 뭐. 그리고 실
　　제로 가끔 걷기 귀찮으면 굴러서 다니기도 한다나 봐요. 믿거나 말거나지만."

"와, 고마워요. 내일 당장이라도 찾아가 봐야겠어요."

　　병준이 잔뜩 상기된 얼굴로 메모를 합니다. 그리고 또 그런 병준을 현우가 흐
　　뭇하게 바라봅니다.

"자, 그러면 내일은 할 일도 있고 하니까 이제 집에 갈까? 어… 지은 씨는 집이 어디세요? 가
　　는 길에 태워다 드릴게요."

"어머, 그러면 저는 너무 감사하죠. 어쩜 그렇게 배려심이 넘치세요?"

　　지은이 생긋 웃으며 슬쩍 현우의 팔을 잡습니다. 이런, 현우는 그대로 얼음이
　　되어 버립니다.

"내가 못 산다."

　　고개를 설레설레 저으며 빛나가 병준을 데리고 먼저 나가 버립니다. 그리고
　　그 뒤를 현우의 팔을 잡은 지은이 따라나섭니다. 현우는 여전히 딱딱하게 굳
　　은 모습이지만, 별로 싫지는 않은 모양이네요.

　　다음 날, 병준은 지은이 알려 준 '데굴데굴 정'을 찾아 나섰습니다.

　　그리고 학교 내에서는 꽤 유명하다는 말이 맞는지 의외로 쉽게 연구실 안에서
　　일에 몰두해 있는 정구를 찾을 수 있었습니다.

"정구 씨?"

"…?"

"안녕하세요. 전 박병준이라고 하구요. 김지은 씨 소개로 왔는데요. 잠깐 시간 괜찮으세요?"

"…?"

"음. 갑자기 찾아와서 죄송해요. 그런데 지은 씨 말이 전화도 잘 안 받으신다고 해서…."

"이런 제기랄!"

　　병준은 갑자기 정구가 내지른 소리에 깜짝 놀랍니다.

"내가 이럴 줄 알았어! 이 부분에서 오류가 났을 줄 알았다고! 아우 열 받아. 이걸 왜 코딩할
　　때는 몰랐던 거지?"

　　덩치가 산만한 정구가 머리를 쥐어뜯으며 벌떡 일어나 연구실 안을 배회합니
　　다. 한참을 그러더니 잔뜩 긴장한 병준을 발견합니다.

"어? 누구세요?"

"아… 제가 한 말을 못 들으셨군요. 저기 저는 박병준이라고 하구요. 김지은 씨 소개로…."

"김지은? 김지은이 누구지?"

"저기… 얼마 전에 만나서 누나 동생으로 지내기로 했다고…."

"아! 바비 인형! 지은이 누나!"

"바비… 인형이요?"

"왜 그 누나 바비 인형 같잖아요. 속눈썹 완전 말려 올라가서 하늘 찌르고 다리 꼬고 앉아서 예
　　쁜 척하고…."

　　거침없는 정구의 말에 병준은 어젯밤, 현우에게 애교를 부리던 지은의 모습이
　　떠올라 크게 웃음을 터트리고 말았습니다. 그리고 병준의 웃음 때문인지 자기
　　표현에 대한 만족인지 정구도 함께 웃기 시작했습니다. 그런데 그거 아세요?
　　서로 웃다 보면 그 웃음이 전염되어서 도저히 멈출 수 없을 지경까지 간다는

것을요. 그 두 사람이 그랬답니다. 결국 두 사람은 웃다가 사레 들리고, 눈물이 범벅이 된 채 숨을 몰아쉬면서 간신히 웃음을 멈출 수 있었습니다.

"하아… 죄송해요. 그런데… 하아… 이렇게 웃어 본 게… 하아… 정말 간만이라."

"하아… 저두요… 지은… 하아… 누나한테는… 비밀… 이에요… 하아."

"물론이죠. 하아…."

"그런데 무슨… 하아… 일로?"

한참을 웃다가 간신히 숨을 추스른 정구에게 병준은 슬며시 자신의 사업 이야기를 꺼내기 시작합니다.

"갑작스러우시다는 건 알고 있는데요, 그래도 저는 이 사업에 정구 씨가 꼭 함께 참여해 주셨으면 좋겠어요. 사실 몇 번 뵙고 생각하려 했는데, 방금 같이 웃고 떠드는 와중에 나름 확신이 생겼거든요. 아, 이 사람이랑은 이렇게 웃으면서 일할 수 있겠다 하는 확신이요."

"일단 어떤 아이템이고 제가 어떤 일을 해야 하는지 자세히 말씀 좀 해주세요."

정구의 표정이 진지해지자 병준의 얼굴에서도 웃음기가 지워집니다. 두 사람은 책상 앞에 바싹 다가앉아 사업 얘기를 하기 시작합니다.

세 시간이 지나고 모든 이야기를 끝낸 병준이 결연한 표정으로 정구 앞에 앉아 있습니다. 정구 역시 진지한 얼굴로 병준을 보고 있습니다.

"말씀하신 게 무슨 얘기인 줄은 알겠지만, 저는 좀 어려울 것 같네요. 사실 대기업 몇 군데서 합격 통지를 받아 놓은 상태라 지금 어디를 갈까 고민하는 중이거든요."

"대기업의 안정과 벤처의 기회를 같은 저울에 놓고 생각해 봐 주실래요?"

"무슨 말이죠?"

"대기업이 확실하게 안정된 삶을 보장해 주는 면이 있을 겁니다. 하지만 정구 씨가 원하는 개발, 원하는 결정은 얼마나 할 수 있을까요? 하지만 저와 함께하신다면 자기 손으로 기회를 만들고 자기 선택으로 일을 이뤄 가실 수 있으실 겁니다."

"네, 잘 알겠습니다. 고려해 보죠."

"네. 많이 고려해 보시고 많이 생각해 보세요. 그럼 또 찾아뵙겠습니다."

병준은 고려해 보겠다는 정구에게 꾸벅 인사를 하고 연구실에서 나왔습니다.

'바로 내가 원하는 사람이야. 어떻게 해서든 영입해야겠어.'

연구실을 나서는 병준의 발걸음이 의지로 가득 차 있습니다.

그 다음날, 연구실에 들어오려던 정구가 문득 걸음을 멈추어 섭니다.

연구실 앞에 샌드위치며 과일이 담긴 바구니가 놓여 있었거든요.

〈식사 거르지 마십시오. 정구 씨는 우리 ㈜레드연의 중요한 개발부 이사님이시니까요.〉

그 다음날에는 영양제 박스입니다.

〈하루 한 알이 이사님의 건강을 책임집니다.〉

그 다음날에는 방석이 놓여 있네요.

〈오래 앉아 계시면, 아시죠? 말 못할 괴로움. 이 방석이 아마 도움을 드릴 수 있을 겁니다. 가운데 뚫린 구멍이 그냥 뚫려 있는 것이 아니거든요.〉

또 그 다음 날에는 목 베개와 손 편지가 놓여 있습니다.

〈잠시 눈을 붙이실 때도 이 베개를 애용하세요. 그리고 저, 여자 친구에게도 지금까지 한번도 직접 편지를 써본 적이 없습니다. 이사님.〉

그렇게 보름이 지났습니다. 그리고 보름째 되던 날, 병준은 한 통의 전화를 받습니다.

"네! 고맙습니다! 우리 진짜 잘 해봐요! 아, 그러세요? 그러면 이사 직함은 빼드릴게요. 네! 그
러면 연락드리겠습니다!"
빛나와 데이트를 하던 도중 마치 누군가 코앞에라도 있는 양 벌떡 일어나서
인사까지 해대며 전화를 받는 병준을 보던 빛나는 살짝 당황합니다.
"왜 그래? 무슨 전화야?"
"정구야 정구. 같이 일하겠대. 아싸! 드디어 세팅이 제대로 됐다."
"뭐야, 그 사람 여태 튕기고 있었던 거야? 근데 이사 직함 얘기는 또 뭐야?"
"괜찮아. 다 지난 일이야. 중요한 건 그 사람이 우리 회사에서 일하게 된 거니까. 본인은 그냥 일
만 할 수 있으면 된다고 이사 직함은 부담스럽대. 와… 오늘 완전 잘 풀리는데?
오전에도 한 사람 영입했고, 지금은 정구가 같이 일하겠다고 연락하고…."
"오전에는 누구?"
"아, 재무와 고문 역할을 담당해 주실 분이야. 현우 형님 소개로 벤처캐피털 같은 데서 좋아할
만한 경력 빵빵에 출신학교 훌륭하신 분을 이사로 모셨거든."
"그런 스펙이 그렇게 중요해?"
"좀 씁쓸하지만 뭐. 이해는 돼. 수십억 원을 빌려주는 회사에 내 학교 후배나 선배가 있고, 이
런 사업으로 성공해 본 사람이 한 사람이라도 있다면 좀 더 믿음이 가지 않겠
어? 아, 이제 인력 세팅이 끝났으니 사업자등록증 내고 사무실 구해야지."
"그럴 돈은 있는 거야?"
"적금 만기된 것 다 털었어."
"아! 우리 결혼자금으로 쓰겠다고 데이트 비용 아끼고 쪼개고 하면서 들었던 바로 그 적금?!"
"그, 그게…."
"아우, 몰라. 남들은 사업한다고 남의 돈 끌어다가 잘도 쓰더만. 왜 자기는 자기 돈을 들여가면
서 사업을 해야 해?"
"안 그래도 고민 많이 했어. 아무래도 내가 100퍼센트 투자를 하다 보면 그 돈이 회사 돈이 아
니라 여전히 내 돈이라는 생각을 버리지 못할 거 같았거든. 그리고 얼마 전에
진우 형도 그런 얘기를 했었고."
"진우 형? 우리 둘째 오빠도 만났어? 그 미스터 잘난 척?"
"크크. 네가 왜 둘째 오빠를 싫어하는지는 알겠더라. 그래도 도움 되는 얘기 많이 해주셨어. 엔
젤투자자도 한 분 소개해 주셨고."
"엔젤? 천사?"
"응. 나처럼 창업하겠다는 사람을 위해 투자해 주시는 투자자를 보통 그렇게 불러. 기술력은
있는데 자금이 부족한 창업 초기의 벤처기업한테는 말 그대로 천사 같은 사람
이니까. 그런데 소개받은 분이 지분이나 경영권, 지배권을 좀 많이 요구하시
는 것 같아서 정중하게 거절했지."
"진우 오빠가 펄펄 뛰었지?"
"응. 세상 물정 모른다고 혼났지, 뭐. 어쨌든 내 돈을 출자해서 회사 만들면 그 돈이 다 내 돈이
라는 생각 때문에 쓸 때마다, 투자할 때마다 심리적인 압박감이 있을 거라는
걱정도 있긴 하지만 마음을 비우기로 했어. 회사는 만든 사람 게 아니라 회사
그 자체라고 마인드컨트롤 중이거든. 괜찮을 거야."
"창업 자금이 다 떨어지기 전에 펀딩을 받아오면 되겠지 뭐. 자기 기술 얼마 전에 특허도 취득
했다면서. 특허 있으면 기술보증기금에서 자금을 지원받을 수 있을 거 아냐."
"우와, 빛나 양, 공부 좀 했는데!"
"남자친구가 창업하겠다고 동분서주하는데 대화가 되려면 기본은 알고 있어야 할 것 같아서

창업팀을 드림팀으로 꾸려야 하는 이유
창업을 하고 사업을 진행하며 접하는
금언 중에 하나는 아무리 똑똑한 머리를
가진 사람이라도 한 명보다는 두 명이
더 강력하고 두 명보다는 세 명이 더 강력한
사업실행력을 발휘한다는 것입니다.
그렇다면 실제로 창업자들은 창업팀을
어떻게 꾸릴까요?
첫 번째는 자신의 주변에서 함께 일하던
동료나 가족 친지 및 친구 등을 창업팀으로
끌어들이는 경우입니다. 이는 창업팀을
쉽게 꾸릴 수 있고 오랫동안 강한 관계를
맺어온 만큼 신뢰를 담보할 수 있다는
장점을 가집니다. 그러나 이러한 강한관계
기반의 창업팀 구성은 정작 사업에 필요한
인력 구성보다는 기업기능 관점에서
인력의 편중을 가져올 뿐만 아니라
폐쇄조직을 만들어 외부자원을 많이
활용해야 하는 창업기업에게 치명적인
부담으로 작용하기도 합니다.
두 번째는 창업팀을 꾸리며 외부에 알려진
유명한 인사를 창업팀으로 모셔오는
것입니다. 분명 신뢰성과 인지도가 부족한
창업기업에게는 큰 힘이 될 수 있지만 창업
멤버 하나하나가 창업기업에서 일당백의
역할을 해주어야 하는 상황에서 이름만 빌린
외부 유명인사 영입은 자칫 기업의 성장과
브랜드에 역효과를 초래할 우려가 있습니다.
성공사례에 비추어 볼 때, 창업팀을 꾸리는
최고의 방법은 창업 준비 단계, 사업계획서를
작성하는 단계부터 시작합니다. 일단
사업계획서를 작성하며 함께 정보를
모으는 과정에서 창업팀은 자신의 역할과
가능을 찾아가며 때에 따라서는 이러한
과정에서 만난 키맨(Keyman)을 창업팀으로
영입할 수도 있습니다. 즉 사업이 필요로
하는 창업팀을 구성해야 한다는 점을
잊지 말아야 합니다.

말이야."

"빛나야…."

"왜 또 그렇게 느끼하게 불러?"

"내가 말한 적 있던가?"

"뭐를?"

"너는 머리끝부터 발끝까지 사랑스럽지 않은 곳이 없다고."

"나도 잘 알지. 그나저나 사업자등록증은 언제 낼 거야?"

"안 그래도 이제 막 신청하려던 참이야. 일단 사무실 임대차 계약서가 있어야 하니까 사무실부터 구하고 세무서에 가서 신청해야지."

"세무서는 뭐 하러 가?"

"법인 설립하고 사업자등록증 신청하러 가는 거지"

"세무서에 직접 가지 않아도 인터넷으로 해결되는 거 같던데?"

"인터넷으로?"

"응. 이것저것 찾아보다가 창업넷인가? 하는 사이트에 들어가 봤거든. 그런데 온라인으로 법인 설립하는 과정이 잘 나와 있더라고. 그래서 와, 요즘에는 이런 것도 인터넷으로 하는구나 싶어서 나도 회사 설립 체험관이라는 걸로 쭉 한번 도전해 봤지. 처음엔 막막할 것 같았는데 막상 해보니 별로 어렵지 않던데? 예전에 현우 오빠가 회사 만들 때는 이것저것 떼 오라는 서류도 많고 찍으라는 도장도 많아서 나도 심부름을 여러 번 했거든. 그런데 요즘엔 안 그런 거 같아. 30분 안 걸려서 하겠던데 뭐."

"청출어람 청어람이구나. 나도 못 찾은 정보를 네가 찾아내다니."

"원래 내가 자료 서치에는 좀 강하니까. 괜찮은 사이트 몇 군데 알아 놨으니까 한번 들어가봐. 서류만 잘 꾸미면 나라에서 지원받을 수 있는 기회도 꽤 다양하게 있던걸."

"너를 우리 회사 전략담당으로 영입해야 하는 거 아니야?"

"아이고, 됐네요. 참, 얘기가 나와서 하는 말인데… 우연히 창업 관련 멘토링 동영상 몇 개를 봤는데 그 중 귀가 번쩍 뜨이는 얘기가 있더라."

"뭔데?"

"자기, 회사 사무실 어디다 얻으려고 했어?"

"사무실? 우선은 싼 데다 얻어야지. 아무래도 초기에는 이래저래 다른 곳에도 돈이 많이 들어가야 하니까. 경기도 외각이나 벤처 단지 같은 데 생각하고 있는데 왜?"

"내 그럴 줄 알았다니까."

"왜?"

"의외로 비싼 동네에 비어 있는 오피스텔이 많잖아. 그런데 그런 오피스텔 전세나 월세 가격이 지금 자기가 말한 곳들이랑 별로 차이가 없대."

"그래서?"

"생각해 봐. 사원이 필요해서 채용공고를 냈는데, 한 회사는 무슨 면 무슨 리 이렇게 된 주소를 가지고 있고 한 회사는 도심 한가운데 있어. 자기 같으면 어떤 곳에 지원할 것 같아?"

"아! 무슨 말인지 알겠다."

"알겠어? 그 강사가 명함에 찍히는 회사 위치가 정말 중요하다는 말을 해주더라고. 그 말을 듣는 순간 나도 모르게 무릎을 탁! 치게 되더라. 사람 심리상 아무래도 외각보다는 번화가 쪽으로 기우는 건 맞는 거잖아. 그래서 이 얘기를 꼭 들려주려고 기억해 두고 있었어."

창업넷 100배 활용하기!
http://www.changupnet.go.kr/
중소기업청에서 운영하는 창업지원 인터넷 홈페이지입니다. 홈페이지를 통해 지원사업을 신청할 수 있고, 창업가이드를 통해 창업에 필요한 다양한 정보도 쉽게 알아볼 수 있습니다. 그 외에도 '재택창업시스템(http://www.startbiz.go.kr)'이나 스마트 폰 어플리케이션인 '창업만물사전' 등도 창업의 A-Z을 얻어내기에 아주 좋답니다.

가만히 빛나의 얘기를 듣던 병준이 갑자기 벌떡 일어납니다.

"빛나야!"

병준이 빛나를 와락 껴안습니다. 주변에서 쑥덕거리며 쳐다보지만 그 시선은 아랑곳하지 않습니다.

"왜… 왜 이래? 다들 쳐다보잖아."

"넌, 진짜! 완전히! 보물 덩어리야. 완벽해. 이런 여자가 어떻게 내 애인이지? 난 정말 복 받은 놈이야."

병준의 과장된 행동에 살짝 당황스러웠지만 빛나 역시 싫지만은 않은 표정입니다. 얼마나 빛나를 안고 있었을까요. 주변 시선이 민망해진 빛나를 구해 주기라도 하듯 병준의 전화가 울립니다.

"여보세요? 아, 진우 형! 네. 지금 빛나랑 있어요. 네? 지금요? 알겠습니다."

"둘째 오빠야?"

"응. 지금 집으로 좀 오라고 하시는데?"

아마 빛나의 둘째 오빠가 두 사람에게 할 얘기가 있는 모양입니다. 그나저나 카페 안에 있는 사람들에게는 진우가 전화를 해준 것이 참 다행이네요. 그 전화가 아니었으면 빛나와 병준의 포옹 장면을 보다가 죄다 닭으로 변해 날아갔을지도 모를 일이니까요.

돈아, 돈을 불러 오렴

"어, 오빠. 이게 다 뭐야?"

　　　　진우의 호출을 받고 병준과 함께 귀가한 빛나는 거실에 산더미처럼 쌓인 책과 종이뭉치를 보고는 얼이 빠진 모습입니다.

"뭐긴, 알토란 같고 보석 같은 내 자료들이지."

"그… 그러니까 이 자료들을 가지고 뭘 하게?"

"장차 우리 집의 유일무이한 사위가 될 놈이 사업을 하겠다고 덤비는데 이 형님이 가만히 있으면 되겠어? 내 동생의 미래가 달린 일인데? 내가 정말 고민하고 또 고민하다가 알려 주기로 한 거야. 나의 노하우와 경험을. 진짜 고맙지 않냐? 너 정말 어디 가서 억만금을 주고도 이런 얘기 못 듣는다. 내가 어디 가서 강연을 하면 시간당 얼마를 받는 줄 알아? 그런 얘기를 그냥 듣는다는 것 자체가 진짜 행운인 거야. 전생에 너희 둘이 나라를 두 개쯤 구했기 때문에 가능한 일이라고. 아무리 생각해도 너희는 정말 행운아야."

처음에는 그냥 하는 소리인 줄 알았건만 진우의 표정을 보니 진심이 가득합니다. 그 눈빛에 빛나와 병준은 조용히 진우 앞에 앉습니다. 그리고 그로부터 4시간 동안 병준과 빛나는 단 한 순간도 쉬지 않고 어느 교수의 무슨 이론과 미국 벤처 밸리에서 지난 10년간 시행해 온 정책에 관한 이야기 그리고 우리나라 벤처 붐의 시작에서부터 지금까지의 역사와 그 안에서 한 획을 그었던 사람들의 무용담, 누군가가 작성한 연구용역 자료 내의 이론과 사례연구 그리고 진우가 학생들과 직접 연구를 해 온 각종 사례도 들었습니다.

아, 그러고 보니 빛나의 둘째 오빠 진우에 대한 소개를 하지 않았네요.

모험심이 강하고 시야가 넓은 첫째 현우와는 달리 진우는 자기가 알고 있는 분야만 깊이 파는 성향의 사람입니다. 돈에 예민한 이 집 남매들의 성향상 진우 역시 경제학을 전공하고 MBA까지 마쳤구요. 은행과 벤처캐피털에서 일을 하다가 얼마 전부터 모교의 교수로 재직 중이랍니다. 서른다섯 살에 교수 직함을 달았으니 거의 수직상승 코스를 밟아 온 셈이죠. 그러다 보니 아직 한창인 나이에도 불구하고 가끔, 자기가 알고 있는 것이 전부인 양 굳게 믿고 우길 때가 있답니다. 특히 자신의 전공 분야에 대해서는 더더욱 말이죠. 그것 때문에 변수에 능한 형 현우와 종종 부딪히곤 합니다. 경험에 의거해서 유연하게 대처하는 현우와는 달리 진우는 모든 상황을 분석하고 정형화해서 데이터를 만든 후에야 움직이거든요. 물론 현우가 옳고 진우가 그르다는 것은 아닙니다. 한 사례로 현우의 회사가 잠시 재정 위기에 빠졌을 때 진우의 데이터에 의거한 포트폴리오 덕분에 기사회생한 적도 있거든요.

어쨌건 진우의 호의 가득한 강의 겸 잔소리를 들은 병준과 빛나는 그만 파김

Illustration by Lee Yoon-hee

벤처캐피털에 빨대 꽂기 대작전

벤처캐피털에서 투자를 결정할 때 가장 관심 있게 보는 것은 무엇일까요? 바로 명확한 고객 가치를 제공하는 제품과 서비스, 성장하는 거대 목표 시장, 창의적인 제품과 서비스, 치밀한 시장 접근 전략, 유능한 경영진입니다. 통상적으로 접수 후 1차 결정, 소개, 예비 심사와 본 심사, 회사 IR, 투자 심의, 투자 계약서 체결, 투자금 입금까지 평균 1~2개월 정도가 소요됩니다. 이때 벤처캐피털에서 무난하게 투자를 유치하기 위해서는 그들의 속성, 즉 무엇을 좋아하고 싫어하는지를 알 필요가 있습니다. 간단하게 말해서 벤처캐피털이 좋아하는 사업계획서의 조건은 이렇습니다. 과장이 없고, 1분 안에 무슨 회사인지, 어떤 일을 하는 지 알 수 있고, 쉽고 구체적인 정보를 담고 있으며 간단 명료, 논리적일 것. 아 그리고 지나치게 양이 많지 않고 회사의 기밀을 과도하게 담지 않는 것도 중요한 포인트입니다.

죽음의 계곡

사업은 마라톤과 같다고 합니다. 마라톤 42,195km를 완주하다 보면 큰 고비가 온다고 합니다. 이 고비는 마라토너로 하여금 도저히 뛰지 못하는 한계상황을 주어 포기하게 만드는 상황을 연출하는데 대부분의 아마추어 마라토너들은 이 고비에 희생양이 되어 마라톤 완주를 못하게 된다고 하는데 크게 마라톤 초기 구간인 5km 내외, 중간구간인 20km 내외, 최종구간인 35km 내외 등을 마라톤 마의 구간이라고 합니다. 창업을 해서 사업을 하다보면 사업에도 마의 구간이 있는데 그것이 죽음의 계곡이라 불리는 창업 후 6개월에서 1년 사이입니다. 또 창업 후 3년은 기업의 주력제품이 형성되어 손익분기점을 넘어야 하는 시점이어서 이 시기를 넘기면 기업의 초기 안정적인 성장이 시작된다고 판단하기 때문에 이 기간이 또 한번의 마의 구간이 됩니다.

치가 되어 버리고 말았습니다. 다 읽고 나면 천군만마를 얻는 것보다 더 큰 도움이 될 거라며 병준에게 자료 뭉치를 한가득 건넨 진우는 꼭 다 읽고 난 후에는 돌려줘야 한다고 신신당부를 합니다.

"이것들은 남에게는 절대 보여주지 않는 자료야. 진짜 귀한 자료니까 꼭 너만 보고 돌려줘. 절대 유출하면 안 돼."

마지막까지 다짐에 다짐을 받고 난 진우는 너무 피곤했던지 한숨 자야겠다며 방으로 들어갑니다. 진우가 방으로 들어가자마자 빛나가 병준의 손을 꼭 잡습니다. 그리고 얼굴 가득 미안함을 가득 담은 채 얘기합니다.

"미안해. 오빠 때문에 네가 고생이 많다."

"무슨 소리야. 아니야. 난 정말 감사하게 들었어."

"괜히 내 기분 생각해 주느라 그렇게 얘기할 거 없어. 내 오빠를 내가 모르겠어?"

"진심이야. 뭐랄까? 현우 형 덕분에 뇌의 반쪽이 채워졌다면 나머지 반쪽이 진우 형 덕분에 채워진 느낌인걸."

"진짜야?"

"응. 특히 벤처캐피털에 있으면서 겪었던 경험담들은 나한테 정말 피가 되고 살이 되는 말이었어. 아무래도 직접 심사를 하면서 느끼신 것들이잖아."

"응. 뭐라고 했지? 막연한 숫자를 내지르지 말라고 했나? 그건 나도 기억에 남는다."

"맞아. 막연한 시장 점유율을 목표로 정하지 말고 내 역량을 중심으로 목표점을 잡으라는 거지. 예를 들어 내가 전체 시장의 몇 퍼센트를 먹겠다 이런 게 아니라 어느 정도의 기간 동안, 얼마짜리 상품을, 몇 명이, 몇 개 팔 수 있으니 거기에 따른 매출은 얼마다. 이런 식으로."

"다 아는 얘기잖아. 당연한 거 아니야? 현실적인 목표를 세우라고 말하면 될 것을 뭘 그렇게 어렵게 돌려서 해?"

"이론상으로는 아는 것 같으면서도 실제로는 못하는 사람들이 많으니까 실패를 하겠지. 원래 기본기가 단단해야 응용문제도 풀 수 있는 것처럼 오늘 진우 형은 나한테 기본기를 다지게끔 해주신 거야. 솔직히 대안을 만들어라. 이런 얘기도 누구나 할 수 있는 얘기지만 정작 눈앞에 돈 되는 상품을 판매하는 데 급급하면 대안 같은 걸 만들기란 어렵거든. 그러다 보면 결국 죽음의 계곡 같은 시기를 못 넘어서는 거지."

"응. 그 말은 나도 무섭더라. 죽음의 계곡. 돈도 떨어지고, 아이템 변화도 못 주고, 결국 망하는 지름길로 가게 되는 시기가 온다는 거. 한 일 년쯤 지나면서 오는 거라니까… 일 년은 정말 금방이잖아."

"하지만 그 대신 대안이란 게 있잖아. 인맥과 신규 아이템. 미리미리 준비해야 한다는 거지. 플랜B를 통해."

"아우, 난 못해. 대체 이런 걸 어떻게 하겠다는 거야? 솔직히 요즘엔 네가 존경스러워. 나 같으면 오늘 오빠가 하는 얘기 같은 것도 끝까지 못 들어 줄 거고, 이것저것 신경 쓰는 것도 못할 거 같아."

"듣는 거, 보는 거, 느끼는 거… 그게 다 지금 나한테는 부족한 경험을 채워 주는 중요한 디딤돌이야. 팔락 귀는 곤란하지만 열린 귀와 열린 마음은 꼭 필요해. 만약 내가 지금의 이 초심을 잃고 건방지게 굴면, 그때는 네가 나한테 꼭 얘기해 줘야 해. 올챙이 적 생각하라고. 네 역할 중에 가장 큰 건 바로 그거야. 내 목에 철심 들어가서 뻣뻣해질 때 그 철심 빼주는 거."

"그래. 알았어. 내 말 안 들을 거 같으면 방에 가두고 못질이라도 해줄게."

"응, 꼭."

"그래서 이제부터는 뭘 하면 되는 거야?"

"이번 주 안에 사무실 구하고, 사업자 등록증도 내고, 정식으로 사업을 시작할 거야. 그 다음에는 특허출원 한 걸로 기술보증기금에 기금 신청을 들어갈 거야. 기술보증기금에서 받을 수 있는 금액은 많아 봐야 1억 정도? 아니, 조금 더 받을 수도 있겠지만 어쨌든 한계가 있으니까 기금으로는 기술 개발 성과에 집중하고 일 년 안에 벤처캐피털에서 제대로 된 투자금을 끌어와야지."

"와, 병준아…."

"응? 왜?"

"너, 말하는 폼이 제법 사업가 같아. 왠지 내가 전에 알던 너와는 완전히 다른 사람 같은데?"

"앞으로는 더 기대해. 이제 시작인걸."

빛나의 칭찬에 병준이 싱긋 웃습니다. 하지만 웃는 얼굴 뒤에 온갖 생각이 뛰어다니는 것이 보이네요.

그로부터 한 달, 병준은 정말 정신없이 바빴습니다.

우선, 빛나의 조언대로 도심을 뒤진 결과, 강남 한복판에 거짓말처럼 저렴한 15평짜리 오피스텔을 사무실로 얻을 수 있었습니다. 물론 인테리어에 쓸 돈을 아끼기 위해 빛나를 동원해 삼일 밤낮을 쓸고 닦았지만요. 빛나가 직접 동대문 시장에서 사온 천으로 커튼을 만들어 달고, 중고시장에서 사온 테이블과 소파 역시 리폼을 했습니다. 테이블은 페인트로 칠하고, 소파에는 천을 씌우니 제법 새것 같아졌습니다. 새 컴퓨터를 들이고 자잘한 소품들을 채워 넣으면서 한편으로는 사업 스케줄도 함께 써나갔습니다.

그 동안 정구는 사무실 한쪽에 마련된 자신의 자리에서 벌써 프로그램을 만들기 시작했고, 지은은 오픈 파티를 이틀 앞두고 밤을 꼬박 새서 벽 한 쪽에 그림을 그려 넣는 작업을 했습니다. 돈으로 이루어진 계단을 뛰어오르는 한 사람을 담은 작품입니다.

illustration by Lee Yoon-hee

"대표님이 돈을 많이 벌어서 우리한테 나눠 줘야 하니까! 뭐랄까. 이건 내 기원을 담은 벽화라 구요!"

얼추 사업장을 꾸미고 개업식을 하는 날. 제대로 잠을 자지 못해 퀭한 눈을 하고 그림을 공개한 지은이 병준과 건배를 하며 건배사 대신 외친 말입니다. 그 말을 받은 병준이 손에 맥주잔을 들고 모인 사람들을 향해 한마디 하기 시작합니다.

"처음에는 프로그램을 만들어서 팔아 보고 싶다는 단순한 생각이었습니다. 저만 좋은 인연을 찾은 게 세상에 미안했거든요. 그런데 생각해 보니 이 일 자체가 모두 인연이 인연을 만들었기에 시작할 수 있었던 것 같습니다. 여기 계신, 오늘 와주신 저의 모든 인연에게 감사드리며… 레드연의 번창을 위하여!"

병준의 건배사와 함께 작은 오피스텔은 금세 왁자지껄한 소리로 가득 찼습니다. 곳곳에서 웃음도 터져 나옵니다.

"이제 진짜 시작이구나! 잘해 봐!"

현우가 다가와서 병준의 어깨를 툭툭 칩니다.

"앞으로도 많이 도와주세요. 처음부터 3년이 중요하다고 하셨잖아요."

"넌 괜찮을 거야. 시작하기 전에 준비를 많이 하지 않은 사람들이나 3년 넘기 어렵지, 실전사례 들을 만큼 들었다. 고비고비 넘어갈 때 필요한 팁들 이미 알고 있겠다. 이론 공부도 단단히 했겠다. 지금부터 네가 가질 마음은 하나야. 배수진을 쳤으니 그저 나아가기만 해야 한다는 마음. 돌아갈 곳이 없다는 절박함과 절실함. 그러면 여하튼 넘어갈 수 있어. 그러니까 잘 해봐!"

"네! 알겠습니다!"

현우의 격려에 병준이 씩씩하게 대답을 합니다.

현우의 말처럼 초반 3개월은 물 흐르듯 흘러갔습니다. 꼭 공식에 맞는 답을 낸 것처럼 현우가 말해 준 대로 특허와 함께 성실하게 쓴 서류를 기술보증기금에 제출한 후 얼마 되지 않아 기금을 받을 수 있었거든요. 물론 남들보다 빠르게 받을 수 있었던 까닭은 있었습니다. 바로 보증기금을 신청하기 얼마 전 진우가 귀뜸해 준 선문답 같은 질문 때문이었습니다.

"기술보증기금 신청할 거지?"

어느 날, 점심이나 먹자며 병준의 사무실로 찾아 온 진우가 던진 물음이었습니다. 조만간 신청할 거라는 병준에게 진우는 이런 질문을 합니다.

"뭐, 일단 네 사업장 소재지가 나쁘지 않아서… 다행이다."

"무슨 말씀이세요?"

"뭐랄까. 똑같은 양의 밥이 있는데, 밥 달라는 사람이 많으면 밥을 조금씩 나눠줘야 하고, 밥 달라는 사람이 적으면 푹푹 퍼주지 않겠어? 기금도 마찬가지야."

"아, 무슨 말씀인지 알겠어요. 자잘한 벤처기업이 많이 모여 있는 동네 같은 경우는 기금도 여기저기 줘야 할 곳이…."

"오케이! 거기까지. 어쨌든 지금 네가 신청할 지역 같은 경우는 작은 기업보다는 큰 기업이 많아서… 무슨 말인지 알겠어?"

"밥 달라는 사람이 거의 없을 거다. 이런 말씀이시죠?"

"그렇지. 그러니까 내야 할 서류들 충실하게 잘 써서 내라. 알았지?"

"네! 알겠습니다."

진우의 조언을 듣고 난 병준은 다시 한번 빛나의 말대로 도심 한복판에 사업장을 낸 게 잘한 일이라며 가슴을 쓸어내렸답니다. 그 다음부터는 일사천리로 진행됐습니다. 아직 3개월밖에 지나지 않아 성과물은 없었지만 병준이 제출한 서류에 들어 있는 직원들 경력과 이름 모두 든든했거든요. 게다가 특허받은 기술과 실제로 시연해서 보여 줄 수 있는 프로그램도 가지고 있었구요. 비록 완전하지는 않지만 그래도 실제로 볼 수 있는 시제품이 있다는 게 큰 역할을 해주었습니다. 기술보증기금에서 1억 원의 자금을 지원받은 병준은 이를 토대로 곧장 벤처캐피털의 시리즈 A에 도전했습니다.

병준의 목표는 1년 안에 시리즈 A를 통해 자금을 지원받고, 그 자금으로 사업을 키운 후 2년 차에 시리즈 B를 통해 한번 더 자금을 수혈받은 뒤 본격적으로 사업 확장 및 마케팅, 해외사업 진출로 뻗어나가는 것이었거든요. 그러기 위해서는 첫 관문인 시리즈 A를 무사히 통과해야 했습니다. 벤처캐피털을 선정하기 전, 몇날 며칠을 고민하던 병준은 결국 현우에게 전화를 걸었습니다.

"아, 형님. 저 병준입니다."

"어, 그래. 잘 지내지? 시리즈 A에 도전한다며? 어디다 넣었니?"

"아, 그것 때문에 좀 여쭤 볼 게 있어서 전화 드렸어요. 어디다 넣어야 할 지 고민이라서요."

"고민? 뭐하러 그런 걸 고민해. 국내 캐피털업체 하나, 외국계 하나 이렇게 두 군데에 넣어 봐."

"어? 그래도 돼요? 한 군데만 넣어야 하는 거 아니에요?"

"괜찮아. 어차피 양쪽에서 평가한 금액이 다르면 그 두 회사가 서로 대화를 통해 금액을 조정하거든. 그런데 일반적으로 높게 평가한 쪽의 의견을 따라가는 경향이 있기

때문에 상관없어. 아, 그리고 괜히 숫자자료 만드느라고 애쓰지 말고. 어차피 창립한 지 얼마 안 되는 회사라 재무제표를 멋지게 제출할 것도 아니고 손익자료를 보여줄 수 있는 것도 아니라서 네가 만들 수 있는 건 한계가 있어. 오히려 앞으로 너희가 얼마나 가능성이 있는지를 보여 줄 수 있는지가 중요해. 기술과 인력, 그리고 무엇보다 너의 가능성을 어필하도록 노력해. 그 가능성에 대한 금액을 숫자로 만드는 건 그 사람들이 누구보다 잘하니까. 알았지?"

"네, 그러면 형님 말씀대로 두 군데 다 넣어 볼게요."

"그래. 그리고 함께 일하는 사람들이 너에게 고용되었다기보다는 너와 의기투합해서 사업을 함께하고 있는 거라는 걸 꼭 어필해. 그 포인트가 의외로 중요하거든."

"그래요?"

"응. 초기 펀딩 때는 돈으로 움직일 사람들인지 아니면 비전으로 뭉친 사람들인지가 중요한 판단요소가 되거든."

"명심할게요. 조만간 좋은 소식 들고 다시 전화 드리겠습니다!"

"아참, 병준아. 마지막으로 하나만 더."

"네. 말씀하세요."

"지금 상황으로 봐서 안 될 것 같지는 않지만 혹 일이 잘 안 풀리더라도 그게 끝이라고 생각하면 안 된다. 투자는 그냥 사업의 한 과정일 뿐이니까. 알았지?"

"네! 걱정 마십시오. 투자가 되지 않았을 때를 대비한 플랜 B도 세워놓고 있습니다. 누구 제자인데 대안 없이 일하겠습니까! 전화 드리겠습니다!"

씩씩하게 대답하는 병준과 전화를 끊은 현우는 묘한 뿌듯함에 한동안 전화기를 빙빙 돌리면서 생각에 빠져듭니다. 아마, 옛날 생각이 나는 모양이지요?

한 달 뒤 현우는 어마어마한 꽃바구니와 함께 전 직원이 나눠 먹고도 남을 만큼의 피자를 배달받았답니다. 꽃바구니에는 딱 한 문장이 적힌 카드가 꽂혀 있었습니다.

〈VC 10억! 감사합니다!〉

병준의 메시지와 선물을 받고 현우는 그 날 누구보다 피자도 많이 먹고, 많이 웃고, 많이 떠들었답니다.

ALBERT GIORDAN

"큰 사업이란 먼 곳에 있는 것을 주시하는 것이 아니라,
가까운 곳에 있는 분명한 일부터 착실하게 처리하는 것이다."
－카알라일

NEUGIERIG 3

Act 2 - Scene 1 :
Overcome the crisis
위기 극복하기

사방이 적

10억 원의 자금을 투자받은 병준의 회사는 날개가 달린 듯 승승장구하기 시작했습니다.

우선 자금이 넉넉해지니 직원들이 일하는 모습부터 달라졌습니다. 다들 자발적으로 야근을 하며 아이디어를 내고, 프로그램을 완성시켜 갑니다. 덕분에 인연 찾기 프로그램은 모바일뿐 아니라 웹상에서도 점차 인기를 얻어가기 시작했습니다. 게다가 2년차쯤에나 가능할 거라고 생각했던 결혼정보업체와의 협업도 조금씩 가시화되고 있을 만큼 회사는 빠르게 성장을 하고 있습니다.

덕분에 병준은 점점 더 바빠집니다. 빛나와 만나는 시간도 일주일에 한 번, 그것도 간신히 차 한 잔 마실 정도의 시간뿐입니다. 그나마 다행인 것은 현우로부터 병준에게 지금 이 시기가 얼마나 중요한 시기인지 백 번도 넘게 들은 까닭에 빛나가 충분히 이해해 주고 있다는 점입니다.

벌써 두 명으로 시작한 회사 규모도 열 명으로 늘어났습니다. 일 년 사이에 정말 큰 발전을 한 거죠. 그런데 이렇게 회사가 성장하다 보니 정작 병준이 사무실에 머무는 시간은 점점 줄어듭니다. 하루에 한 번 간신히 사무실에 들러 보고 받고 회의하는 게 전부입니다. 언젠가부터 병준이 직접 관리하던 회사법인 통장도 재무이사와 경리를 보는 아가씨가 함께 관리를 하게 되고, 병준이 하는 일은 점점 밖에서 사람을 만나고, 인맥을 만들고, 그걸 통해 새로운 일거리를 가져오는 게 되어 버렸습니다.

그 날도, 병준은 아침부터 연이은 두 건의 미팅으로 인해 잔뜩 지친 상태였습니다. 어쩐지 몸살을 앓을 것처럼 온몸이 욱신거립니다.

국내 상위의 결혼정보회사와 벌써 몇 달째 매칭 서비스에 대한 조건을 조율하느라 이미 진이 빠질 대로 빠진 상태거든요. 그 회사와 일을 하기 위해 몇 번이나 프로그램을 고쳐서 보여 줬는지 모릅니다. 그런데도 여전히 제자리걸음이고, 이제는 직원들 사이에서도 꼭 그 업체와 일을 해야 하냐는 볼멘소리가 나오고 있다는 것을 병준도 알고 있습니다. 그럼에도 불구하고 포기를 하지 못하는 이유는 하나입니다. 병준의 생각에 결혼정보회사와의 협력이 분명, 큰 터닝 포인트가 될 것 같거든요. 현재 결혼정보 시장이 돌아가는 추세나, (주)레드연의 인연 찾기 프로그램을 사용하는 고객의 연령대, 매칭률 등 여러 가지 데이터를 종합해 보고 오랜 시간 고민한 끝에 내린 결론입니다. 하지만 '레드연'처럼 작은 회사가 큰 회사와 일을 만들어 가려니 넘어야 할 산이 한두 개가 아닙니다. 예를 들어 계약 문제도 그렇습니다. 병준의 입장에서는 당연히 협력사로 가기를 원하는 반면, 결혼정보회사가 원하는 것은 갑을 관계입니다. 그 외에도 프로그램의 운영, 관리, 개발권 등 걸리는 문제 또한 한두 가지가 아닙니다. 생각만 해도 머리가 지끈지끈 아파 와 병준은 사무실 의자에 깊숙이 몸을 묻은 채 잠시 눈을 감습니다.

"저기, 바쁘시지 않으면 잠깐 드릴 말씀이 있는데요."

병준이 눈을 뜹니다. 눈앞에는 심각한 표정의 정구와 지은이 서 있습니다.

"아, 무슨 얘기세요? 말씀하세요."

병준이 자세를 바로잡습니다. 정구와 지은은 서로를 잠시 쳐다보며 머뭇거립니다. 그러다가 결심한 듯 정구가 먼저 이야기를 꺼냅니다.

"저, 그만두겠습니다."

뒤이어 지은도 말합니다.

"저두요."

아닌 밤중에 홍두깨도 아니고, 느닷없는 창업 멤버의 사표 소식에 병준은 정신이 혼미해집니다.

"왜요? 무슨 일이라도 있어요?"

다급하게 묻는 병준의 말에 두 사람 다 고개를 젓습니다. 병준이 아무리 캐물어 보아도 별다른 대답이 없습니다. 그냥 쉬고 싶다는 말과 집에 사정이 생겼다는 핑계뿐입니다. 병준이 아무리 마음을 돌려 보려고 해도 두 사람은 확고합니다. 자그마치 두 시간을 설득했지만 요지부동입니다. 결국, 병준이 포기를 하고 말았습니다.

"일단 직원들한테는 아무 말 마시구요…. 한 달만 기다려 주세요. 그 동안 저도 사람 좀 구해보고 방법을 찾아야 하니까요. 그 정도는 해주실 거죠?"

한 달만 더 참아달라는 병준의 말에 두 사람은 마지못해 고개를 끄덕입니다. 두 사람과 얘기를 끝낸 병준은 어디서부터 뭘 어떻게 해야 할지 막막하기만 합니다. 일도 손에 안 잡히고 머리도 멍해집니다. 결국, 병준은 현우에게 전화를 겁니다.

"네, 형님. 오늘 시간 좀 있으세요? 긴히 드릴 말씀이 좀 있는데요."

"너 목소리가 영 그렇다? 지금 마침 사무실에 있으니까 지금 올 수 있으면 오고."

"아, 네 감사합니다. 지금 당장 갈게요."

전화를 끊은 병준이 급하게 현우를 찾아갑니다.

"형님, 큰일 났어요."

한달음에 달려 온 병준은 현우를 보자마자 다짜고짜 큰일이 났다며 한숨부터 쉽니다.

"왜? 정구랑 지은이가 그만두겠대?"

"!!!"

"뭐야, 귀신이라도 본 것처럼. 건드리면 깨지겠다. 너무 얼어서."

"어… 혹시 두 사람이 형님한테 먼저 얘기한 건가요?"

"나한테 왜 얘기해. 그 두 사람이 나한테 그런 얘기를 할 리가 없잖아."

"그럼… 어떻게?"

"뻔 하지 뭐. 돈 들어왔겠다. 사장은 일 만든답시고 밖으로 돌겠다. 안에서 중심 잡아 주는 사람 없겠다. 딱 지금이 그럴 시점인 거지. 오른팔 왼팔이 달아나겠다고 선언하는 시점."

"대체! 왜요!"

"주인의식 부재지 뭐. 다 사람이라서 그래."

"그게 무슨 말씀이세요?"

"뭐, 정구와 지은이가 어떤 마음으로 그런 건지 내가 너희 회사 사람이 아니니까 어떻게 해줄 말은 없고… 나 같은 경우도 1년 조금 지났을 때 같이 시작했던 친구들이 우르르 나가겠다고 한 적이 있었거든. 야, 말 말아라. 한 달에 한 명씩, 두 명씩 차근차근 나가는데 아주 죽겠더라. 게다가 이유는 다 똑같은 거야. 회사 그만 둘 때는 이렇게 얘기하라고 어디서 가르쳐 주기라도 하나 봐. 딱 두 종류야. 지쳤어요, 쉬고 싶어요 아니면 집안 사정."

"어, 맞아요! 딱 그거였어요! 진짜 어디서 배워 오는 건가요?"

"진짜 이유를 말하기가 치사하니까 뻔한 핑계를 대는 거야."

"말하기 치사한 이유요?"

"응. 돈이거든. 명예랑."

"네에?"

"사람이니까 그런거야. 마음이 변하고, 마음이 변하면 서운함이 끼어들고, 서운함이 쌓이면 노여움이 되고, 노여움이 생기면 그때부터는 마음이 떠나거든. 그런 걸 거야. 사실 그 두 사람, 지금 그 경력과 나이로 어디 가서 딱히 취직이 되는 것도 아니거든. 냉정하게 얘기하면. 그럼에도 불구하고 그만두겠다고 그렇게 질렀다는 건 서운함과 노여움 때문일 가능성이 커."

illustration by Byun Young-geun

"뭐가 그렇게 서운하고 노여웠을까요? 저는 정말 할 만큼 한다고 생각하는데."

"그게 사장과 직원 사이에서 결코 좁힐 수 없는 간극 중 하나야. 나 같은 경우는 초기에 이런 일도 있었어. 한번은 클라이언트 미팅 때문에 정말 고급 일식집에 가서 밥을 얻어먹은 적이 있었거든. 음식도 맛있었지만 그 분위기가 정말 끝내주는 거야. 왜 있잖아. 발밑에는 물 흐르고, 방 안에서는 연주자들이 샤미센 들고 앉아서 연주해 주고, 기모노 입은 아주머니들이 무릎 꿇고 처음부터 끝까지 시중들어 주고, 음식은 하나하나가 예술작품 같고… 여하튼 그런 집에서 두 시간이 넘게 밥을 먹고 나오는데 그런 생각이 들더라. 이번 크리스마스 때는 다음 달 카드 값이 펑크가 나는 한이 있어도 우리 직원들 좀 데리고 와야겠다는 생각. 그래서 데리고 갔지. 그것도 사비로. 다들 좋아했고, 나도 만족스러웠거든. 그런데 며칠 뒤에 화장실에서 내가 무슨 소리를 들은 줄 알아? 직원 두 사람이 얘기하기를, 그렇게 먹고 쓸 돈을 차라리 현금으로 줬으면 더 좋았을 거라며 투덜거리는 거야. 그때 진짜 충격받았어."

"그러셨겠네요. 형님은 좋은 경험시켜 주시려고 큰마음 먹었던 걸 텐데."

"응. 그랬지. 그 순간에는 진짜 울컥 하더라고. 내 다시는 그런 일 하나 봐라 하는 마음도 들고. 그런데 곰곰 생각해 보니까 그건 아니더라고."

"뭐가 아니에요? 받을 자격도 없는 거지. 그런 사람들은."

"아니야. 그건 내가 하고 싶은 배려지 받는 사람이 원하는 배려가 아니었잖아. 물론 자기가 원하지 않는 걸 받고도 고마워하는 사람이 있지만 대부분의 사람은 자기가 원하는 걸 받아야 비로소 고맙다는 생각을 하거든. 특히 직원들의 경우는 더 단순해. 그들은 마음이 담긴 것보다는 현물을 원해. 냉정하지만 돈이 최고라는 거지."

"정이… 없네요."

"당연한 거야. 그 사람들은 프로잖아. 프로는 돈을 벌기 위해 일하는 거고. 당연히 돈으로 보상받는 것을 제일 원할 수밖에."

"하지만 창업 멤버는 달라야 하는 거 아닌가요? 전 그게 서운해요."

"그건 아마 그들도 똑같이 생각할걸? 창업 멤버인데 달라야 하는 거 아니야? 우리 정말 서운해. 이렇게. 생각해봐. 그들 입장에서는 똑같이 고생했다고 여길 거야. 창업 멤버니까. 밤을 새도 자기네들이 더 새고, 일을 해도 자기네들이 더 일했다고 생각할지도 모르지. 실무를 하니까 그게 맞는 생각일 수도 있어. 그 이면에서 창업자금 갖다 박고, 밖에서 사람 만나며 일 만들고, 밤잠 설쳐가며 고민하고, 사업계획 세우고 하면서 나무 보랴, 숲 보랴 하느라 정신없는 너는 잘 안 보이는 거지. 네가 도출해 내는 성과보다는 자기네들이 뽑아내는 산출물이 더 많으니까 어느 순간 '쟤는 사장이라는 애가 뭐하는 거야?'라는 불만이 생기고 그게 '왜 우리만 이렇게 힘들어야 해?'라거나 '치사해서 못해먹겠네.' 이런 생각으로 발전하는 거지."

"와… 정말 제가 생각했던 것과는 너무 다르네요. 진짜 그렇게 생각할까요?"

"아마 90퍼센트는 그렇게 생각하고 있을 거야. 하지만 딱히 말할 시기는 아니지. 초기에는 다 같이 없는 살림에 고생하는 시점이니까. 그러다가 외부에서 펀딩이 좀 들어오면 그때부터 슬슬 다른 생각이 드는 거야. 돈이 요물이라니까."

"하지만 펀딩받아온 돈이 직원들끼리 나눠 먹으라고 있는 건 아니잖아요. 그 정도도 모르고 있는 걸까요?"

"사람이 말이야, 일단 통장에 돈이 찍히고 나면 없던 욕심이 생기게 되어 있어. 그럴 때는 일단 조금씩이라도 인센티브처럼 나눠주는 것도 한 방법이야. 금액은 크게 상관

없어. 일단 기분 문제거든. 하다못해 2~300만 원이라도 뭔가 구실을 붙여서 나눠 주거나 주식의 일부를 나눠 준다거나… 하여간 가시적인 보상이 있어야 해. 개인 주머니가 두둑해질 수 있는. 그리고 이때쯤 보통 전체 워크숍을 한 번 가지. 서로 속에 있는 얘기도 좀 털어 놓고, 회사 비전을 다 함께 공유하고, 우리는 가족이다! 같이 가보자! 이런 것도 한 번 하고.”

“제가 너무 믿고 편하게 생각했나 봐요. 제 실수네요.”

“누구나 겪는 일이야. 생각해 봐. 대기업들이 공산당처럼 왜 분기마다 새벽 산행하고, 바빠 죽겠는데 체육대회 같은 거 열고, 수시로 귀찮게 워크숍 가고 그러겠어? 다 필요하니까 하는 거야. 어쩔 수 없이 조직 안에 있는 사람이기 때문에… 조직에 적응하고 일원이 되어가는 과정이지. 어려워. 상당히 어려운 일이야. 내부 사람들 마음을 다잡는다는 거 말이야.”

“그러게요. 일 때문에 안 그래도 머리가 깨질 것 같은데 이런 복병이 나타날 거라고는 생각도 못했어요. 진짜 막막해요.”

“정구랑 지은이, 잡고 싶어?”

“당연하죠. 일도 일이지만, 저는 그 사람들이랑 정말 잘 맞는다고 생각했거든요. 지금 한참 비즈니스가 커지고 있는 시점에 그 두 사람이 없어지면 손실이 너무 커요. 그 둘도 잘 알고 있는 사실이구요. 그래서 더 실망도 크고 서운함도 크네요.”

“잡고 싶으면 잡아야지. 대신 효율적으로 잡아.”

“효율적으로 잡으라구요?”

“응. 일단 인간적으로 다가갈 수 있는 모습으로 마음을 돌리고, 그 다음에는 회사 내 시스템에서 달랠 수 있는 방법으로 달래는 거지.”

“음… 무슨 말씀인지 잘 모르겠어요. 느낌은 알겠는데….”

“너희 창업 초기에 셋이서 잘 가던 음식점이나 술집 있어?”

“어… 근처 껍데기 집이요.”

“오케이. 거기서 술 한 잔 해. 그러면서 창업 초기의 마음을 좀 불러일으키고, 그 다음에는 네가 얼마나 힘들고 서운한지, 그 두 사람이 얼마나 필요한지를 인간적으로 표현해. 그러면 아마 그 두 사람도 서운했던 점을 얘기하고, 오해한 사실에 대해 말하려고 할 거야. 다 듣고 나서는 사장의 모습으로 돌아와서 협상을 해. 얼마를 더 주겠다던가 어떤 옵션을 더 얹어 줄 테니 다시 한 번 잘 해보자고. 술 먹으러 가기 전에 협상의 상한선은 꼭 정해 두고. 술김에 내 주식의 반을 주겠다는 각서 쓰고 도장 찍었다가 나중에 소송까지 갔던 사장님도 있었거든.”

“형님, 무슨 마법의 수정구슬 같아요. 정답이 줄줄 나오시네요. 오늘 저녁에 당장 껍데기 집에서 만나야겠어요.”

“나도 다 겪어 본 일이니까. 잘 될 거야. 지금부터는 너한테 달린 거다. 알지? 무슨 말인지.”

“네. 고맙습니다. 마음이 한결 나아졌어요. 저 그럼 가볼게요.”

“그래. 제일 힘든 고비 중에 하나 넘긴다 생각하고 넘어 봐. 힘내.”

현우와 얘기를 끝낸 병준은 밖으로 나오자마자 사무실로 전화를 겁니다. 벌써 퇴근시간이 다 되어 주변은 어두워지고 있습니다. 마침 정구가 전화를 받습니다. 병준은 정구에게 지은과 셋이서 저녁이나 먹자고 하며 껍데기 집에서 만나기로 약속을 잡습니다.

‘괜찮을 거야. 진심은 통하는 법이니까.’

병준이 크게 심호흡을 하고 약속장소로 발걸음을 옮깁니다.

머슴정신으로, 끌어안고 걸어가기

우리는 기업가가 가져야 할 최고의 덕목 중에 하나가 많은 조직원을 이끄는 리더십이라는 요인을 주저 없이 꼽습니다. 리더십이란 누군가를 일정목표를 향해 이끌어 목표를 달성하게 한다는 수동적인 개념도 있지만, 남이 내 일을 자기일보다 더 열심히 하게 하는 힘이라는 능동적인 뜻이 더 강조되어야 합니다. 기업가가 이러한 능동적인 리더십을 발휘해야 하는 이유는 사업을 크고 규모 있게 추진하기에 타인의 힘이 절대적으로 필요하고 그것도 헌신적인 협력으로 필요하기 때문입니다.

기업가는 타인에게 일을 헌신적으로 하게 하기 위해서는 위임해 준 일이 성과를 낼 수 있도록 정확한 지침과 실행기반을 지원해 주어야 합니다. 일테면 기업가로부터 일을 위임을 받은 사람이 일을 잘 추진할 수 있도록 정보와 실행 요령 등을 제공해야 하는 것을 의미합니다. 만약 기업가가 타인에게 일을 위임하면서 전혀 지침을 주지 않고 알아서 일을 추진하게 한다면 설사 일이 성공하더라도 일을 위임받은 사람은 향후 왜 내가 해당 기업가를 리더로 모셔야 하는지에 대한 의구심을 가지게 될 것이고, 만약 리더가 준 지침대로 일을 수행했음에도 불구하고 일이 실패하면 향후 리더의 의사결정을 의심하게 되는 사태가 벌어져 능동적 리더십은 큰 손상을 받게 됩니다. 또, 기업가가 타인의 역량을 능동적으로 끌어내기 위해서는 일의 추진과정이나 종료된 후 수시로 적절한 보상이 필요합니다. 기업가가 타인에게 줄 수 있는 보상은 금전적 보상과 비금전적 보상인데 창업초기 단계 충분한 재원이 없는 기업가 입장에서는 기업가가 보유한 주식을 스톡옵션이나 보상주식의 형태로 활용하며 타인에게 능동적 작업 수행의 인센티브를 주어야 합니다. 그러나 무엇보다 중요한 창업단계 기업가의 리더십은 남의 위에서 지배하지 않고 남을 모시고 일을 한다는 머슴리더십입니다.

머슴리더십의 핵심은 오만하지 않고 겸손한 태도로 타인에게 협력을 유도해내는 똑똑한 지혜를 의미합니다.

illustration by Byun Young-geun

산 너머 산

그날 저녁, 사방이 왁자지껄한 껍데기 집. 병준과 정구, 지은이 앉은 테이블만 유독 조용합니다. 껍데기 3인분을 모두 굽고, 소주 두 병이 비도록 다들 별 말 없이 묵묵히 앉아서 먹고 마시기만 했거든요.

"많이 힘들었어요?"

역시 침묵을 깬 사람은 병준입니다. 정구와 지은은 병준이 따라 주는 소주를 조용히 받을 뿐 여전히 묵묵부답입니다.

"나, 보기보다 훨씬 둔한 사람이라 말 안 하면 몰라요. 더군다나 내 가족 눈치 볼 일 없으니 두 사람이 뭘 생각하는지 전혀 신경 못 쓴 건 사실이에요."

정구가 아무 말 없이 껍데기를 한 점 입에 넣고 우물거립니다.

"오늘 같이 밥 먹자고 한 건 별 뜻 없어요. 그래도 같은 목표를 보고 함께 동고동락했던 사람들끼리 척지고 헤어지는 건 아니다 싶어서요. 오해가 있으면 풀고, 사과할 게 있으면 사과하고, 그게 좋잖아요. 원수도 아니고… 그래서 보자고 한 거예요."

병준의 말을 듣고 있던 지은이 한참을 망설이다가 조심스레 말을 꺼냅니다.

"저희도, 아니 저 같은 경우는 대표님한테 감정 없어요. 오해 풀고 말고 할 것도 없구요. 그냥 여기가 내 자리가 아닌 것 같아서 그만두려는 것뿐이에요. 저한테 안 맞는 옷 같아서요."

소주 한 잔을 털어 넣은 병준이 고개를 끄덕입니다.

그리고 다시 세 사람은 한참을 말없이 고기를 굽고, 소주잔을 비웠습니다. 한참 망설이던 병준이 다시 입을 엽니다.

"두 사람이 말을 안 하겠다니까, 말할 거 없다니까 그럼 내가 말할게요. 그래도 되겠어요?"

지은과 정구는 이건 또 무슨 상황인가 싶어 서로를 쳐다보고는 고개를 끄덕입니다. 병준이 먼저 지은을 향해 이야기를 시작합니다.

"솔직히 말해 봐요, 지은 씨. 회사 일이 안 맞는 옷 같은 게 아니라 초반에 지은 씨가 가지고 있던 범위를 다른 사람들이 채워 가는 게 불안한 거 아니에요? 그럴 수 있어요. 특히 지은 씨처럼 약간 과부하 걸린 듯 일을 하면서 존재가치를 스스로 증명받는 걸 보람으로 여기는 타입들은 일이 없으면 불안해하잖아요."

"저 일 없지 않아요…."

"물론 많죠. 하지만 초반에 이것도 저것도 다 할 때에 비하면 많이 줄어든 거니까. 잘 생각해 봐요. 초반에 몇날 며칠을 집에도 못 들어가고 회사에서 노숙자처럼 먹고 자며 일할 때, 지은 씨 입으로는 내내 노동력 착취네, 노동부에 고발할 거네 투덜거렸어도 눈빛 하나는 끝내줬잖아요. 근데 어느 순간부터 그 눈빛이 사라진 거 본인은 알아요?"

"그야 재미가… 없으니까."

"그러니까요. 지은 씨가 직접 하면서 만족을 느꼈던 일들을 다른 직원들이 나눠 갖기 시작하면서부터 지은 씨는 재미없는 사람이 됐어요. 내가 서운한 건 이 지점이에요. 왜 새로운 재미를 찾을 생각은 안 해요? 자기 입으로도 창립 멤버라면서요. 그러면 그만큼 생각도 더 해주고, 고민도 더 해주고 하면 안 되는 건가?"

"…."

"정구 씨도 마찬가지예요. 정구 씨, 내가 지난번에 같이 업체 미팅하고 와서 정구 씨한테 화낸 적 있죠? 그때 이해 못하겠다는 얼굴로 한참 서 있었던 거 알아요. 지금도 이해 안 되죠? 솔직히."

병준의 질문에 가만히 앉아 있던 정구가 말없이 고개만 끄덕입니다.

"우리 회사, 비록 VC에서 펀딩을 받긴 했지만 그렇게 편안한 상황 아니에요. 돈 생겼다고 우물쭈물하다가는 얼마 못 가 죽음의 계곡으로 들어가게 될지도 모르는 상황이라고요. 지금 내 심정은 한쪽 손에는 칼을 들고, 또 한쪽 손에는 횃불을 들고 천 길 낭떠러지 위에서 외줄 타는 거 같아요. 왜 그런 줄 알아요? 자칫 삐끗 하는 날에는 그 동안 애써온 모든 걸 날리고 좀비기업 신세 되기 딱 좋은 시기거든요. 그래서 결혼정보회사에 우리 프로그램 탑재해서 같이 가보려고 안간힘을 쓰는 거예요. 근데 정구 씨 그때, 미팅 가서 어떻게 했어요? 화내고 그냥 나와 버렸죠? 심정은 이해해요. 자기가 만든 자식 같은 프로그램을 놓고 이래저래 상대방이 트집을 잡으니 화도 나겠죠. 열 받죠. 뒤집고 싶죠. 근데 왜, 레드연도 당신 자식이라는 생각은 안 해요? 레드연도 당신 자식이라고 생각을 했다면, 절대 그렇게 못했겠죠. 당장 자식이 굶어 죽게 생겼는데 자존심이 어디 있어요? 젖동냥이 되었건, 개무시가 되었건 일단 감수하는 거죠. 속으로는 칼을 수십 개 갈지언정."

"그건, 죄송하게 생각해요. 그런데…."

정구가 처음으로 입을 뗍니다. 하지만 뭔가 망설이며 머뭇거릴 뿐 말을 이어가지 못합니다.

"왜요? 얘기해 봐요. 그러려고 모인 자리니까."

"정말 열을 안 받을 수 없더라구요. 늘어지게 등판에 몸을 기대고 앉은 놈이 클라이언트랍시고 볼펜 끝으로 프로그램 설계도 툭툭 쳐가며 빈정거리는 순간… '아, 내가 무슨 영화를 보겠다고 여기서 이 수모를 겪고 있나? 원래대로 대기업에 취직했다면 내가 갑의 자리에서 큰소리를 치고 있을 텐데.' 하는 생각이 떠나지를 않는 거죠. 그리고 솔직히 대학 때 친구들 만나면 연봉 얘기하기가 껄끄러워요. 학교 다닐 때 저보다도 못했던 놈들 연봉이 저랑 앞자리 숫자가 다르다는 이야기를 들을 때마다 솔직히 내가 여기서 뭘 하고 있나 싶다구요."

정구의 말이 끝나자마자 지은도 조심스럽게 말을 시작합니다.

"좀 치사한 거 같지만, 돈 얘기가 나왔으니 저도 속에 있던 얘기를 꺼낼게요. 사실 처음에는 자본금도 대표님 혼자 다 대셨고 저 같은 경우는 월급받고 일하겠다고 했기 때문에 돈에 대해서는 별로 신경을 안 썼어요. 그런데 점점 나중에 들어온 직원들하고 비교하게 되더라구요. 그 직원들은 경력직이라고 예전 회사에서 받던 연봉과 비슷하게 맞춰 주고 계시잖아요. 뭐, 솔직히 제가 창업할 때 옆에 있었다는 사실 외에 그 사람들보다 딱히 나은 게 있는 건 아니에요. 저도 인정해요. 그런데 서운한 건 서운한 거더라구요. 뭔가 사력을 다해서 기본 판을 만들어 놨더니 숟가락 하나 없는 놈들이 좋은 거는 다 챙기는 것 같은 상실감도 들구요. 실명을 거론해서 좀 치사하지만, 얼마 전에 저랑 같이 일하라고 고

용한 신종현 씨 있잖아요. 그런데 어떻게 우연히 종현 씨 연봉을 알게 됐거든
요. 뭐, 그 친구가 다른 곳에서 이런 일 했던 경력이 있다는 점은 인정하고 제
가 못하는 부분을 잘하고 있다는 것도 인정해요. 하지만 저와 차이 나는 연봉
액수를 듣고 나니 왠지 버림받은 것 같은 느낌이 들었어요. 회사에서는 내가
얘보다 못하다고 생각하는구나. 내가 하는 일은 중요하다고 생각하지 않는구
나. 내가 그만두고 나면 내 자리쯤이야 누가 금방 메워 버리겠구나. 이럴 거면
혹부리 영감 혹처럼 들러붙어 있느니 스스로 떠나 주는 게 맞는 건 아닐까‥?
그런 생각까지 들더라니까요."

정구와 지은의 말을 듣던 병준은 자기도 모르게 한숨을 푹 내쉽니다.

사실, 병준의 계획 속에는 이 두 사람을 위한 배려가 예정되어 있었습니다. 지
금은 아직 자금도 안정된 상태에 이르지 못했고, 다른 직원들과의 형평성도
고려해야 했기 때문에 시행은 못하고 있었지만 올 연말쯤 성과급으로 어느 정
도 수익을 나누면서 두 사람에게는 자신이 가지고 있는 주식을 적절하게 배분

해 줄 요량이었습니다. 향후 회사가 팔리거나 상장을 하게 될 경우까지 고려한 선물입니다.

병준은 두 사람의 이야기를 모두 듣고 나서 처음으로, 자기가 가지고 있던 이런 계획들을 털어 놓았습니다. 그리고 지금 현재 회사가 어떤 상황이고 어떤 시기인지를 솔직히 말해 주었습니다.

"두 사람 눈에는 내가 매일같이 대표나 사장 같은 사람들 만나서 좋은 거 먹고, 마시고, 웃고, 떠드는 것만 같죠? 겉으로 고상한 척, 다 이해하는 척 서로 존중하고 배려하는 척하는 그런 자리에서 실제로 얼마나 많은 총탄과 칼날이 날아다니는지 아마 상상도 못할 거예요. 그런 전쟁을 겪으면서도 내가 괜찮을 수 있는 건 오직 하나예요. 총탄 맞아가며 주워 들고 온 일거리를 내 직원들이 아주 잘 해낼 거라는 믿음. 정말 나 그거 하나로 견디고 있어요. 그게 내가 가진 전부예요. 지은 씨는 빛나의 친구잖아요. 빛나에게 한번 물어봐요. 나 아무것도 가진 거 없어요. 그나마 갖고 있던 모든 걸 털어서 레드연을 창업했어요. 그 흔한 중고차 하나 없이 여전히 이러고 다니는 거 뻔히 보면서, 왜 그런 오해들을 스스로 만들어요? 물론 나도 잘못했어요. 공유가 부족했던 거, 나도 미칠 만큼 힘들다고 투덜거리지 않은 건 내 잘못이에요. 앞으로는 안 그럴게요. 그러니까 두 사람도 다시 한 번 생각해 봐요."

그때, 병준의 말을 잠자코 듣고 있던 정구가 갑자기 어깨를 들썩입니다.

"에이, 대표님이… 훌쩍! 그렇게 얘기하시니까… 훌쩍! 제가 진짜 나쁜 놈… 훌쩍! 같잖아요."

덩치와는 어울리지 않을 만큼 여린 맘을 지닌 정구가 어깨를 들썩이며 눈물을 닦습니다. 지은도 깊이 생각하는 얼굴로 고개를 푹 숙인 채 앉아 있습니다.

"그래요. 저도 생각이 짧았네요. 그럴 거라고 짐작하고 감정을 쌓기 전에 말하고 풀었으면 됐을 문제인데, 아무 말도 안 하고 혼자 싸매고 있다가 폭탄 날려서 미안해요. 빛나가 알면 머리끄덩이 잡겠다고 덤비겠네요. 에휴."

병준은 가까스로 마음을 돌린 정구와 지은의 손을 꼭 잡습니다.

"우리, 서로 이렇게 얼굴보고 맞다 그르다 얘기해 줄 정도의 사이는 충분히 되잖아요. 앞으로는 서로 얘기해요. 우리끼리도 이렇게 합이 안 맞아서야 어디 되겠어요? 난, 다른 직원들이 다 나를 오해해도 두 사람만큼은 내 방패가 되어 줄 거라고 믿는단 말이에요."

병준의 진심 어린 말에 지은과 정구가 고개를 끄덕입니다. 오해가 풀려 속이 시원한 듯 이제야 세 사람 얼굴에 웃음이 떠오르네요.

그렇게 얘기를 나누며 술을 마신 뒤 병준이 집으로 돌아온 것은 새벽 두시가 훌쩍 넘은 시간이었습니다. 세수를 하고 침대에 누웠지만, 잠이 오지 않습니다. 수많은 생각들이 머릿속에서 마구 뛰어다닙니다. 결국, 병준은 잠을 포기하고 컴퓨터를 켜서 이런저런 뉴스며 기사들을 읽기 시작합니다.

처음에는 간만에 가십기사라도 보면서 낄낄 웃어 볼까 싶은 마음에 인터넷 서핑을 시작했는데, 어째 스크롤을 내리는 병준의 표정이 점점 심각해집니다.

이제 시작한 지 일 년도 채 지나지 않았는데 이미, 병준의 사업과 유사한 모델의 사업체들이 속속 등장하면서 배포한 기사들이 떠 있습니다. 게다가 안면인식기술에 특허를 가지고 있는 (주)페이스닷컴이라는 회사는 아예 대놓고 레드연의 프로그램과 자사의 프로그램을 비교하는 블로그 기사까지 써 놓았습니다. 게다가 꽤 공격적인 마케팅을 하는지 사방에서 페이스닷컴의 기사와 프로그램 체험 수기 같은 것들이 올라와 있습니다.

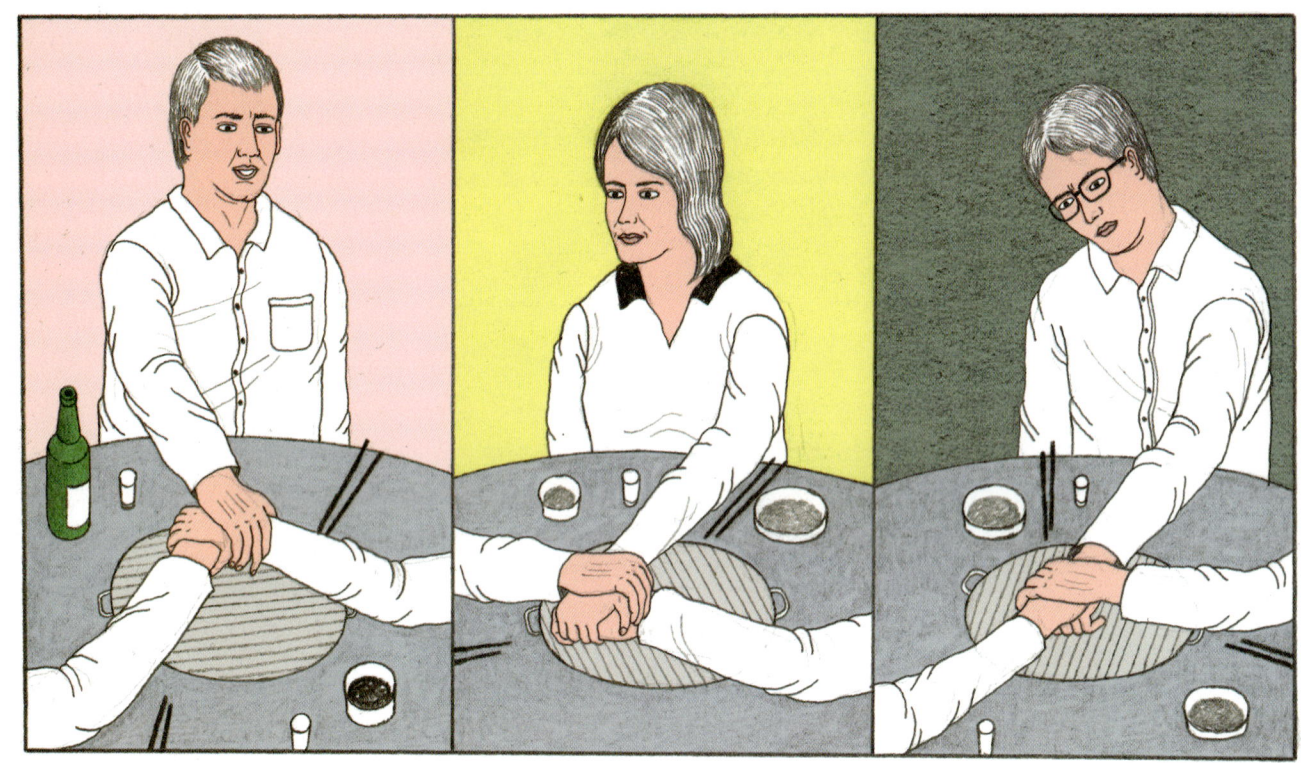

아직 구체적인 마케팅을 시작하지 못한 병준으로서는 무척 난감한 상황입니다. 정구와 지은에게도 털어놓았지만 초기에 지원받은 자금은 대부분 개발비와 시제품 생산에 들어갔기 때문에 당장 마케팅에 투입할 자금이 없기 때문입니다.

고민에 고민을 거듭하던 병준은 결국 자세를 바로잡고 앉습니다. 어차피 시리즈 B에 도전, 2차 펀딩을 받은 후 마케팅이며 수출 판로를 개척하겠다는 초기 계획이 있었으니 더 늦어지기 전에 준비하는 것이 낫겠다는 결론이 났거든요.

술기운이 남아 있는 새벽. 방안에 홀로 앉아 있던 병준은 문득, 살벌한 외로움을 느낍니다. 그건 다사다난한 하루를 보내고 순간적으로 밀려드는 허무함이나 사랑하는 사람이 없어서 생긴 외로움 같은 게 아닙니다. 친구가 없어서 느끼는 외로움이나 심심함과도 다릅니다.

그건 오직 대표의 자리에 있는 사람만이 느낄 수 있는 외로움입니다.

믿어야 하는 사람이건만 온전히 믿을 수 없고, 내 생각과 마음을 믿어야 하지만 그것도 불확실하고, 아무도 보장해 주지 않는 길을 홀로 감내해가며 밀고 나가야 한다는 생각에서 오는 진짜 외로움입니다. 그리고 그런 외로움과 온전히 마주한 병준은 등골이 오싹하고 머리끝이 쭈뼛 서는 것 같은 두려움도 함께 느낍니다. 많은 준비를 하고, 다양한 조언을 받고, 헌신적인 주변 사람들의 도움까지 받았지만 결국 사업을 하는 건 오직 자신뿐이라는 사실을 새삼 깨달았거든요.

그 날, 새벽.

병준은 사업을 시작하고 처음으로 울었습니다.

어깨를 들썩이며… 아주 서럽게, 긴 시간 동안 말이죠.

illustration by Noh Jun-gu

결국 사람이다

가끔 젊은 친구들이 찾아와 기막힌 아이디어가 있다며, 진짜 대박 아이템이 아니겠냐고 물어볼 때가 있습니다. 희망에 가득 찬 표정으로 자신의 아이디어를 늘어놓는 그 친구들은 말 그대로 반짝반짝 빛이 납니다. 하지만 그 빛을 아이디어 차원에서만 사그라지지 않고, 오래 지속시키고 싶다면 반드시 적절한 후속 조치가 뒤따라야만 합니다. 내가 지금 "야, 이거 진짜 끝내주는 아이디어야"라는 생각을 하는 순간, 그 순간에 이미 나와 같은 생각을 하는 사람은 열 명쯤 되고, 그 아이디어로 사업을 준비하고 있는 사람 또한 열 명쯤 되며, 이미 사업을 시작한 사람도 열 명쯤 된다고 말이죠. 즉, 아이디어만 가지고는 사업을 시작하기도, 또 어찌어찌 사업을 시작한다 하더라도 성공을 거두기란 참으로 어렵다는 말입니다.

그렇다면 현재 내가 갖고 있는 아이디어와 기술을 사업화시키고 안정된 수입원을 이끌어 내기 위해서는 어떤 것이 가장 필요할까에 대한 고민이 시작됩니다. 사업에 필요한 요소는 참 많습니다. 돈도 필요하고 기회도 필요합니다. 그리고 소위 말하는 운이라는 것도 따라 주어야 합니다. 하지만 사업에 있어 가장 필요한 것은 함께하는 사람이라고 생각합니다. 저 역시 처음 (주)아이토닉을 시작하기 전에는 아이디어 하나만 믿고 사람을 모으고 사업을 꾸려나갔습니다. 그 중에는 몇 년 뒤에 유행할 것을 너무 일찍 시작해 실패한 사례도 있고, 타깃을 잘못 설정해서 쓰러진 것도 있었습니다. 하지만 사업이 실패할 때마다 저를 가장 힘들게 했던 것은 실패의 기억보다는 함께했던 사람을 잃는다는 것이었습니다. 가령 A라는 겉모습만 보고 모인 사람들은 A가 A'로 변해야 할 시점이 오면 떠나간답니다. 필요에 의한 변화에 동조하지 못하는 거지요. 왜, 그런 경우들 있잖아요. 회사는 돌아가야 하고, 회사를 위해 필요한 자금을 만들기 위한 일을 어쩔 수 없이 해야 하는데, 그 일을 하려는 과정에서 이런 얘기들이 들려오는 거죠.

"나, 이 일 하려고 여기 온 거 아닌데요." "우리가 이런 걸 왜 해야 해요?"

저 역시 그런 친구들을 수 없이 떠나보냈습니다. 그리고 그렇게 몇 번의 실패를 겪으면서 지금의 아이토닉을 만들어냈습니다. 그 전까지는 제가 낸 아이디어만 보고 온 사람들을 받아들였다면 아이토닉을 시작할 때는 조금 달랐습니다. 제 아이디어와 아이템은 잠시 제쳐두고 저의 빈자리를 채워 줄 수 있는 사람들을 찾아가 제가 꾸는 비전에 함께해달라고 요청했습니다. 결과물 하나만을 위해 모인 사람들은 그 결과물이 빨리 나오지 않거나 다른 결과물이 나와야 하는 상황이 오면 흩어지게 되지만 최종의 비전, 목표를 함께 공유한 사람들은 결코 흩어지지 않는다는 것을 깨달았기 때문입니다. 왜냐하면 비전을 함께하는 사람들 사이에서는 실패를 하더라도 그 안에서 '아, 다음에는 이렇게 말고 저렇게 맞춰보면 더 나은 조합이 나올 수 있겠다'라는 교훈을 얻고 반드시 도약할 수 있는 기회를 잡아내기 때문입니다. 만약 당신도 지금 창업을 준비하고 있다면 반드시 당신과 함께 비전을 공유하며 함께할 수 있는 조력자를 찾아내세요. 사실, 제가 들려드린 이야기는 이미 누구나 알고 있는 내용입니다. 수시로 간과할 뿐이지요. 하지만 다시 한 번 강조합니다. 사람이 재산이라는 것을 말입니다.

(주)아이토닉 대표이사 박성준

함께 꿈꾸는 미래

다음 날, 결국 밤을 꼬박 새고 회사에 출근한 병준은 역시 어제와 똑같은 옷을 입고 사무실에 앉아 있는 정구와 지은을 발견합니다. 아마 그 두 사람 역시 병준과 헤어진 후 이런저런 생각에 시달리다 그냥 사무실로 들어온 듯했습니다. 세 사람은 서로를 보며 머쓱하게 웃습니다.

"대표님. 눈이 잔뜩 부으셨네요."

병준에게 갓 내린 커피를 가져다주는 지은의 목소리에는 미안한 맘이 슬쩍 묻어납니다.

"아… 잠을 제대로 못 자서요."

"안 그래도 어제 헤어질 때 대표님이 금세라도 울음을 터뜨리실 것 같은 얼굴이라 마음이 안 좋았는데…."

"아, 그랬어요? 난 그게 문제예요. 얼굴에 다 드러나는 거."

"솔직해서 그렇죠 뭐."

"그런가요. 근데 지은 씨는 왜 옷이 그대로예요? 집에 안 들어간 거예요?"

Illustration by Kang Seong-ill

"말도 말아요. 정구 저 자식. 아니, 저 친구는 덩치만 불곰이지 마음속에는 보살이 들어앉았는
　　지… 어젯밤 내내 자책하면서 어찌나 훌쩍거리던지. 그냥 두고 갔다가는 사
　　고라도 칠 거 같아 새벽 4시까지 주거니 받거니 마셨다니까요. 사우나에서 샤
　　워만 하고 그대로 회사로 출근한 거예요. 아주 숨 쉴 때마다 골이 울려서 죽을
　　것 같아요."
"일단 오전 중에는 각자 일들을 좀 보시구요. 점심식사 후에 저랑 회의 좀 하시죠. 이제 슬슬
　　시리즈 B 준비를 해야 할 거 같거든요."
"그러세요. 술 깨는 약을 두 병이나 마셨는데도 상태가 영 안 좋아서… 저도 오전은 해롱거리
　　다 날릴 거 같아요. 그런데 어쩌죠? 정구는 아직까지도 좀비 상태예요. 크크."
　　자신도 피로가 가득한 표정이면서도 자신의 기분을 풀어 주려는 듯 생글생글
　　웃으며 이런저런 이야기를 풀어 놓는 지은이 병준은 내심 고맙습니다.
"고마워요."
"뭐가요. 고맙다는 얘긴 어제 다 하셨잖아요."
"또 하죠 뭐."
"하여튼 어서 기운부터 차리세요. 저희도 잘 해볼 테니까."
　　지은은 장난스럽게 병준의 어깨를 툭툭 두드려 주고 방을 나갑니다.
　　지은이 나간 후 병준은 재무 담당을 불러 창업 후부터 지금까지의 용역 수주
　　현황과 자금 입출금 내역을 요청합니다. 아, 은행 거래내역도 함께요.
　　자료를 요청한 지 얼마 지나지 않아 재무담당 직원이 네 개의 통장과 두툼한
　　파일 서류철을 하나 들고 들어옵니다.
"이건 법인 메인 통장입니다 이건 시재 통장이구요. 그리고 이건 대출 통장, 이건 인센티브나
　　세금, 퇴직금 같은 걸 미리 떼어서 넣어두는 통장입니다. 내역은 따로 뽑았습
　　니다. 말씀하신 프로젝트 현황은 파일 안에 보시면 네 종류로 나뉘어 있으니
　　각 성격에 맞게 보시면 됩니다. 하나는 정부의 기술 지원 사업 참여 관련, 하
　　나는 산학협력 관련, 하나는 B to B, 나머지 하나가 B to C 사업. 이렇게 구분
　　해 놓았으니까 각각 어느 기간에 어떻게 진행 한 건지 보시면 됩니다."
　　재무담당이 내놓는 일목요연한 자료를 보며 병준은 속으로 혀를 내두릅니다.
　　빛나의 둘째오빠인 진우의 소개로 들어온 사람인데 사실 나이가 좀 많아서 처

음에는 반신반의했습니다. 그런데 겪으면 겪을수록 성실성과 정확성 그리고 때와 장소를 가리지 않는 직언 때문에 이 사람만한 재무담당자는 구할 수 없겠다는 생각으로 바뀌던 차였거든요. 그런데 요청한 지 얼마 지나지 않아서 이렇게 잘 갖추어진 자료들을 가지고 왔으니, 병준은 다시 한 번 사람을 잘 골랐다는 생각에 고개를 끄덕입니다.

사실, 빚 없이 가겠다는 병준의 고집을 꺾고 군이 은행에서 대출을 받게끔 한 것도 이 사람의 의견이었답니다. 나중에 크게 대출을 받을 일이 분명 있을 텐데 그때 손쉽게 대출을 받으려면 일부러라도 소액 대출을 받은 후, 꾸준히 이자를 납입하며 주거래은행과 신용을 쌓아두는 것이 필요하다는 얘기를 해주었거든요.

처음에는 대출금 없이도 충분히 꾸려 나갈 수 있는데 왜 군이 대출을 받아서 이자 낭비를 하나 생각했던 병준도 어느 날부터, 은행 지점장이 전화도 하고, 찾아오기도 하는 등 특별히 관리해 주는 것을 경험한 후부터는 100퍼센트 재무담당의 의견을 신뢰하게 되었습니다.

재무담당자가 전해 준 자료를 넘겨가며 읽어나가는 병준의 얼굴에 지난 시간의 흔적들이 빠르게 스쳐 지나갑니다. 1,000만 원의 매출을 위해 회사와는 별 상관도 없던 일을 맡았던 것부터 처음으로 억대 계약을 따내고 혼자 계약서를 100번도 넘게 읽으며 히죽거렸던 일, 질리도록 껍데기 집에서 회식하다 한우 집에서 회식을 했더니 장염으로 드러누웠던 직원까지 죽더라도 먹다 죽겠다며 회식 자리에 나타났던 일들까지…. 아, 비록 시리즈 B를 염두에 두고 한 것이기는 하지만 몇 개의 특허를 더 딴 일도 있었네요.

무미건조한 프로젝트 현황 파일이었지만 병준에게는 레드연의 지난 시간들이 고스란히 담긴 추억 앨범과 같았나 봅니다. 차근차근 넘겨보는 병준의 표정이 심각해졌다가, 실실 웃기도 했다가, 아련해지기도 하고, 서늘해지기도 했거든요.

병준은 파일을 꼼꼼히 검토하며 계획을 짜기 시작합니다. 설립 당시부터 각 시기별로 어디서 어떻게 펀딩을 끌어올 것인지에 대한 준비를 했기 때문에 필요한 요소는 대부분 마련되어 있습니다. 은행 거래 기록, 가시적인 성과를 보여주는 증거들, 몇 개의 특허와 제법 큰 회사들과 맺은 기술제휴 및 용역 결과물들이 골고루 갖추어진 상태이고, 펀딩을 받은 후에 투자할 마케팅과 해외시장에 대한 계획도 촘촘하게 짜여 있습니다. 그리고 얼마 전에는 해외시장 진출 시 파트너십을 맺을 회사들과 MOU까지 체결해 두었기에 기본 조건은 꽤 단단하게 갖춘 편입니다.

그날 오후, 병준은 이사진들을 소집해 시리즈 B 도전과 이후의 플랜에 대해 한참을 브리핑합니다. 펀딩을 받았을 경우와 받지 못했을 경우에 대한 가능성을 모두 열어 두고, 각 경우에 대한 개별 플랜을 설명하던 병준이 문득 말을 멈추고는 크게 숨을 내쉽니다.

"펀딩이 되고, 안 되고를 떠나서 변하지 않을 사실은 하나입니다. 레드연은 어떤 방식으로든 크고 좋은 회사가 될 겁니다. 내가 꾸는 꿈을 여러분도 같이 꾸고, 믿음으로 함께했으면 좋겠습니다. 이상입니다."

직원들에게 90도로 허리 굽혀 인사를 하는 병준에게 기립박수가 쏟아집니다.

아, 시리즈 B는 어떻게 되었냐구요?

벤처캐피털에서 PT한 후에 창업한 지 겨우 2년 된 회사가 이런 실적을 낸 건

illustration by Kang Seong-ill

정말 이례적이라면서 칭찬을 받았다네요. 그리고 벤처캐피털에서는 칭찬과 함께 30억이라는 날개를 (주)레드연에 달아 주었습니다.

펀딩을 받은 후, 병준은 큰마음을 먹고 전 직원과 함께 제주도로 워크숍을 가기로 결정을 내립니다. 사실 속으로는 순매출 5억 원을 달성하기 전까지는 워크숍이고 뭐고 악착같이 달리겠다는 생각만 가지고 있었지만, 지난 번 정구와 지은의 사건 이후로 직원과의 단합도 중요하다는 생각에 마음을 바꾸기로 했습니다.

그리고 이번 워크숍에는 빛나도 동행했답니다. 직원들이 신혼여행 연습하는 거냐며 노골적으로 놀려댔지만 병준은 아랑곳하지 않았습니다. 함께 회사에서 일을 하지는 않지만 빛나 역시 중요한 창업멤버라고 병준은 굳게 믿고 있었으니까요.

빛나까지 총 11명의 직원들은 들뜬 마음으로 제주도행 비행기에 올랐습니다. 그런데 어찌나 어린아이들처럼 신이 났는지, 주변 사람들한테 창피하게도 비행기가 이륙하고 착륙할 때 박수까지 쳤다니까요. 마치 난생 처음 비행기를 타는 사람들처럼 말입니다. 오죽하면 병준과 빛나는 비행기에서 내려 짐을 찾는 동안 일부러 일행과 멀리 떨어져 있었습니다. 도저히 같은 일행이라고 할 수 없을 정도로 시끄러웠거든요.

비록 외국의 유명 풀 빌라 비치는 아니었지만, 최저임금을 감수하면서 다녔던 회사가 불과 2년 만에 이렇게 제대로 된 워크숍도 올 수 있을 만큼 성장했다는 생각에 레드연 직원들은 모두 감개무량한 얼굴입니다. 숙소로 가는 차 안에서도 마치, 수학여행 온 학생들처럼 돌림 노래를 부르고, 목청 높여 깔깔거리던 직원들은 숙소에 도착해 눈앞에 펼쳐진 바다를 보고는 결국 이성을 잃고 말았습니다. 누가 먼저랄 것도 없이 바다에 뛰어들고 백사장을 고삐 풀린 망아지들 마냥 뛰어다니고….

그 날 저녁, 멋들어진 노을과 함께 시작된 파티는 아주 늦은 밤까지 이어졌답니다. 온 제주도가 들썩일 정도로 시끌벅적하게요.

"대표님! 그냥 우리만 믿으세요. 우리가 레드연을 구글로 만들어 드릴게요!"

"아유, 그냥 좀만 기다려 봐요. 회사차로 페라리를 한 대 뽑아드릴 테니까. 기막히게 섹시한 빨강으로다가."

"그러지 말고 우리 사옥도 지어요 사옥! 빨리 돈 벌어서 사옥부터 짓자구요!"

"아, 이 고기에 꿀을 바른 게 분명해. 왜 먹어도 먹어도 계속 먹히는 걸까?"

"말도 마요. 우리 엄마가 나 워크숍 간다니까 네가 회사를 다니기는 다니는 모양이라며 어찌나 좋아하시던지. 괜히 찡했잖아."

언제 준비했는지 색색의 고깔모자까지 챙겨 쓰고, 자유롭게 먹고 마시면서 간만에 웃고 떠드는 직원들을 보는 병준의 표정이 묘합니다. 뭔가 책임감과 뿌듯함이 반반씩 섞인 얼굴이라고나 할까요?

밤새 그리고 놀 작정인 직원들을 두고, 병준은 잠시 밖으로 빠져나옵니다. 짠 냄새와 신선한 공기가 섞인 밤바람이 시원하게 불어옵니다.

"무슨 생각해?"

병준이 일어서는 것을 보고 따라 나온 빛나가 살갑게 병준에게 기대어 오며 묻습니다. 병준은 그런 빛나의 어깨에 손을 올려 빛나를 감싸 안습니다.

"뭐랄까. 열 쌍둥이의 아빠가 된 기분…?"

"크크. 이해된다. 무슨 말인지. 그 기분 실컷 느껴. 난 둘 이상은 낳을 생각 없으니까."

"오, 서빛나. 그런 식으로 지금 내게 프러포즈하는 거야? 그런 거야?"

"아우 뭐야. 자꾸 날로 먹으려고 할래? 결혼자금을 창업에 다 투자한 것까지는 봐 줬지만 프러포즈까지 얼렁뚱땅 넘어가 봐. 아주 일 년, 열두 달, 하루 24시간이 버라이어티하게 괴로울 수 있다는 걸 보여 줄 테니까."

"알아 알아. 나도 다 생각이 있다고. 무슨 말을 못해요."

"생각은 무슨. 둘러댈 말 찾아내느라 애쓰는 소리만 들린다. 근데 진짜로 무슨 생각을 하고 있던 거야?"

"이제 슬슬 3년 차잖아. 어떻게 가야 할지 고민해야지."

"어떻게 가긴, 지금처럼 잘 가면 되지."

"말처럼 쉽지가 않네요, 아가씨. 특히 이쪽 분야는 기술 변화도 심하고 트렌드도 확확 바뀌니까… 신속하게 신규 사업을 찾거나 지금 움직이고 있는 사업을 흡수시키던가. 여하튼 고민을 해야지."

"그래. 뭘 하든 잘할 거야. 난 믿어."

"응, 알아."

"알아? 내가 얼마나 믿는지?"

"네가 내 등 뒤에 서 있다는 걸 알았기 때문에 솔직히 지금까지 올 수 있었어. 고마워."

살짝 감동이 묻어나는 분위기, 이런 기회를 놓칠 병준이 아니지요. 병준이 기습 키스를 감행합니다. 그런데 하필 그 순간 병준과 빛나를 찾으러 밖으로 나온 직원들에게 딱 들키고 말았습니다.

"으악! 내 눈! 눈이 멀 것 같아! 못 볼 걸 봤어!"

"아, 난 왜 여기까지 와서 솔로의 비애를 느껴야 하는 거지?"

"대표님! 너무하신 거 아닙니까!"

병준과 빛나에게 직원들의 야유가 쏟아집니다.

하늘의 별이 금세 쏟아져 내릴 듯 반짝이는 제주도의 밤이 점점 깊어갑니다.

"어떤 사업을 하든
어떤 일을 하든 성공은
이 말에 달려 있다.
'필요를 찾아서 그것을
충족시켜라.'
실제로 이 말은
모든 성공적인 기업이나
개인의 직장 생활과
상관이 있는 것이다."
– 노만 V. 필

적어도 실패는 하지 말자

제주도에서 돌아온 후 병준은 벤처캐피털 쪽 사람과 진우를 부쩍 자주 만납니다. 벤처캐피털 쪽에서 펀딩을 받으면서 알게 된 심사역에게도 이것저것 물어봅니다. 그 심사역은 시도 때도 없이 모르는 게 있으면 알려 달라, 필요한 게 있으면 도와 달라 이것저것 묻고 요청하는 병준을 제법 아끼고 있습니다. 그래서 개인적으로 종종 병준과 만나 이것저것 조언을 해주곤 합니다. 요즘 회사를 어떻게 운영해야 할지에 대해 심사숙고 중인 병준이 오늘은 조금 일찍 퇴근해 근처 커피숍에서 진우를 만납니다.

"형님, 바쁘신데 죄송해요."

"아니야 괜찮아. 대신 나중에 빛나랑 결혼할 때 좋은 양복이나 한 벌 부탁해."

"넥타이에 와이셔츠까지 풀 세트로 맞춰 드릴게요."

"오케이. 대신 어디 가서 이런 얘기 공짜로 들었다고 하지 마라. 내 한 시간 강사료가 얼만지 말 안 해도 알지?"

"그럼요. 알죠. 그래서 좋은 양복 해드린다니까요."

"좋았어. 지난번에 어디까지 얘기했더라?"

"IPO에 대해 이야기해 주셨어요."

"아, 맞다. 잠깐 복습 차원에서 얘기하자면 대부분의 벤처기업들이 EXIT 전략을 수행할 때 가장 많이 고려하는 게 IPO야. 거의 30~40퍼센트 정도를 차지하거든. 나머지는 출자 지분의 3자 매각이나 장외 매각이고… 극히 소수가 인수합병, 즉 M&A지. 그런데 대부분의 창업자들이 EXIT 시점이나 전략을 잡을 때는 시야가 좁아지는 경향이 있어."

"시야가 좁아지는 정도가 아니라 EXIT에 대한 생각 자체를 잘못 했던 것 같아요. 사실 얼마 전에 좀 큰 회사에서 인수합병을 타진해 왔거든요. 그것 때문에 EXIT 시점에 대한 고민을 구체적으로 하기 시작했으니까요."

"그렇지. 딱 지금이 그런 시기야. EXIT를 해야 할 지 아니면 존속시킬지. 그런데 EXIT라는 게 회사를 접거나 사업을 끝내는 거라고 생각하면 안 돼. 예를 하나 들어 줄까? 내 친구 중에 사업을 10년째 하고 있는 친구가 있는데 이 친구가 그 10년 동안 회사를 네 번 차렸거든."

"우와, 많이 망하셨나 봐요."

"거 봐. 너도 사업하면서 대뜸 그런 반응을 보이잖아. 그게 바로 고정관념 때문이거든."

"어, 그게 아니에요?"

"그 친구는 아예 3년 뒤에 팔릴 사업만 차리는 친구야. 세상 돌아가는 것을 읽고, 그걸 상품화하는 능력이 뛰어나거든. 예측하는 거지. '아, 3년쯤 지나면 이런 시장이 만들어질 것 같으니 지금부터 이 사업을 시작해서 꼴을 갖춰 놓으면 그때 가서 좋

🔊 **가야 할 때를 알고 떠나는 자의 뒷모습은 얼마나 아름다운가. EXIT 전략의 방법**

IPO : IPO란 Initial Public Offering의 약어로 '기업공개'라는 뜻을 담고 있는 말입니다. 일정규모의 기업이 상장절차 등을 밟기 위해 행하는 외부 투자자들에 대한 첫 주식 공매를 의미하는 것입니다. IPO 이후 기업은 대규모 자금조달이 가능하게 됩니다. 유상증자나 회사채발행 등의 직접 금융을 통해 기업에 필요한 자금을 쉽고 빠르게 조달하는 것이지요. 공모 후 상장된 주식을 시장에 매각하는 방법으로 투자를 회수할 수 있습니다.

우회상장 : 우회상장은 '뒷문 상장'이라는 뜻으로 비상장 기업이 상장기업의 주식을 인수하여 경영권을 인수하고 해당 기업의 상호로 주식시장에 참여하는 것입니다. 상장요건에 부합되지 않는 회사가 일반상장보다는 우회상장요건이 덜 까다롭기 때문에 이런 방법을 사용합니다.

M&A : M&A는 mergers and acquisitions로 합병과 인수를 의미합니다. M은 기업합병을, A는 인수(종업원 포함)를 뜻하며 M은 매수한 기업을 해체하여 자사 조직의 일부분으로 흡수하는 형태를, A는 매수한 기업을 해체하지 않고 자회사, 관련회사로 두고 관리하는 형태를 말합니다.

A&D : 종래의 R&D(Research & Development)와 M&A를 합성한 것으로, 인수개발 또는 인수 후 개발을 의미합니다. 상장된 저성장업체를 인수하여 고성장업체로 바꾸는 기업인수방식으로 개발을 통해 기업의 가치를 높이고 이를 다시 매각함으로서 해서 투자를 회수하는 방법으로 사용됩니다.

illustration by Yim Sung-go

은 값에 팔고 EXIT할 수 있겠구나' 이런 생각으로 사업을 시작하는 거야."

"아, 팔기 위한 물건을 만드는 게 아니라 팔기 위한 사업을 하시는 거구나!"

"그렇지. 이런 경우는 나름대로 EXIT 전략을 잘 짠 거 아니겠어?"

"맞아요. 그럴 수도 있다는 건 또 몰랐어요."

"뭐랄까. 남들이 솔루션을 사려고 할 때 회사를 파는 거지. 자, 네가 원하는 솔루션에 해당하는 기술이 여기 있어. 그뿐만 아니라 기술을 상품화해서 판매, 운영하기 쉽게 회사 꼴도 갖춰놓았는데, 어때, 끌리지? 이런 느낌이랄까?"

"음. 이해가 됐어요. 그런데 만약 EXIT를 하지 않고 계속 기업을 유지하려면 가장 필요한 게 뭘까요? 신규 사업 찾기, 수출, 상장 같은 걸까요?"

"그건 일반적인 방법론이고, 중요한 건 캐시 카우를 버릴 수도 있다는 마음을 먹는 거야."

"네? 캐시 카우를 버려요? 왜요? 그럼 어떻게 돈을 벌어요?"

"생각해 봐. 네가 지금 EXIT를 고민하게 된 가장 근본적인 원인을 생각하면 이해가 될 거야."

"근본적인 원인…?"

잠시 생각하던 병준은 차근차근 생각을 정리하며 말을 이어갑니다.

"일단 지난 3년 동안 비슷한 기술을 기반으로 한 서비스가 많이 생겼죠. 그렇다고 해서 우리가 아주 특화된 차별점을 찾은 것도 아니구요. 그런데 때마침 대기업에서 자기네 내부에서 활용하고 싶다는 의사를 밝혀 온 거구요."

"그걸 정리해서 표현하면?"

"시장의 변화? 제가 시작할 때와 지금은 시장이 달라졌으니까 당장 돈이 되는 사업이라는 이유로 무작정 붙들고 늘어지지 말아야 한다는 거네요?"

"그렇지. 사람이 제일 힘든 게 눈앞에 돈이 쌓여가는 데 그걸 포기하고 돌아서는 거거든. 그런데 회사를 경영하는 사람들은 돌아설 시점을 정확하게 파악하고 결정을 내려야 해. 그래야 또 다른 시작의 시점이 보이게 되어 있어."

"그래서 말인데요, 형님…."

진우에게서 EXIT에 대한 얘기를 한참 듣고 난 병준이 가방 안에서 두툼한 종이 뭉치를 주섬주섬 꺼냅니다.

"이거 좀 같이 고민해 주실 수 있으세요?"

"이게 뭐냐? 중국시장 진출?"

"네. 사실 저도 오랜 시간을 EXIT 시점에 대해 고민했어요. 그러면서 동시에 새로운 아이템이 될 만한 것도 서치했구요. 그러다가 지금 저희가 하는 사업은 이성 매치에만 국한되어 있잖아요. 그걸 좀 더 폭 넓게 확대해 보면 어떨까 싶은 생각이 들었거든요. 예를 들어 '나와 성향이 맞으면서 궁합도 맞는 사업 파트너 찾아보기' 같은 식으로 비즈니스 인맥 형성까지 확대하는 거죠. 그러다 보니까 중국과 우리나라에 있는 관상이라는 공통점이 떠올랐어요. 처음에는 재미로 시작하겠지만 왜, 사람들이 은근히 관상을 중요하게 생각하잖아요."

"그렇지. 사실 나도 즐겨 보는걸."

"그 데이터를 입력해서 인연 찾기의 한 요소로 활용해 보려고 데이터를 찾고 있었는데, 마침 중국의 헤드헌팅 회사에서 비슷한 프로그램을 찾고 있다는 얘기를 들었어요."

"어디서?"

"아, 창업박람회에 갔었거든요."

"오, 너 그런 것도 참가하고 있는 거야?"

"그럼요. 신규 아이템… 그리고 시장 돌아가는 걸 파악하려면 이것저것 다 가봐야죠. 특히 이런 박람회 같은 행사는 가장 이슈가 되는 창업 아이템들이 모이는데다가 창업에 관심 있는 사람들이 오다 보니 나름 배우는 게 많아요. 어쨌건 창업박람회에서 휴대용 관상표라고 해야 하나? 그런 걸 재미 삼아 나눠 주는 업체가 있었거든요. 그런데 그 회사 대표님 말이 자기네는 원래 혈점 지압 기구를 만드는 회사인데, 그걸 중국 쪽에 납품하면서 뭔가 재미있는 요소를 더하려는 생각에 관상도를 부록으로 제공해 줬대요. 그런데 정작 중국 쪽 클라이언트가 지압 기구보다 그 관상도를 더 좋아해 나중에는 관상도만 따로 팔았다고 그러더라구요. 그 얘기를 듣는데 머릿속에 불이 번쩍 켜지는 거 있죠."

"역시, 많이 돌아다니고 직접 봐야 발전이 있다니까. 거기서 아이템을 얻었구나!"

"네. 그 길로 회사에 들어와서 직원들과 여러 각도로 가능성을 타진해 봤어요. 해외진출을 하게 될 경우 문화의 차이를 어떻게 극복할 것인지, 현지에서의 관리는 어떻게 해야 하는 건지, 현지법인을 만드는 것이 나을지 아니면 그 업체에 우리 직원을 파견하는 것이 나을지 정말 다양한 각도에서 작전을 짜 봤거든요."

"드디어 네가 사업을 놓고 시뮬레이션하는 단계까지 왔구나. 장하다, 박병준."

"에이, 시뮬레이션인지 뭔지도 모르고 어쨌건 제대로 해야 하니까 시도한 거죠. 아직 멀었어요. 하여간 이렇게도 생각하고 저렇게도 생각하고, 직원들끼리 머리도 모아보고… 그래서 결국 일차적으로는 결론이 났어요."

"어떻게? 진출해 보기로?"

"네. 처음에는 유럽이나 미주 쪽이 더 매력적이지 않을까 했는데, 아무래도 인맥을 형성하는

문화나 가지고 있는 기본 사고방식이 비슷한 중국, 일본 쪽을 먼저 선점해 성
공케이스를 만들어 내는 게 나을 것 같다는 판단을 했어요."

"그렇지. 무주공산 무혈입성의 성공신화 만들기. 도전할 만하지. 하지만 사업에 있어서 무주
공산 무혈입성은 거의 없다는 것만 잘 기억해."

"알죠. 어쨌든 지금 레드연의 위치는 기업의 가치 향상에 좀 더 집중해야 하는 시기에 와 있는
거 같아요. 사겠다는 기업이 나타났을 때 팔고 다른 길을 모색해 보는 것도 좋
지만, 저는 매각이나 섣부른 IPO보다는 이쪽으로 마음이 기울었어요."

"그래. 나도 지금 EXIT하는 게 정답이라고 말한 건 아니야. 다만, EXIT 시점을 놓쳐서 한순간
에 내리막으로 미끄러진 사람들이 워낙 많으니까 참고하라고 해준 얘기야."

"네. 눈앞의 돈 때문에 돌아설 타이밍 놓치지 말라는 말씀, 명심 또 명심할게요. 그리고…."

"그리고 뭐?"

"저를 믿어 준 직원들이랑 레드연을 끝까지 밀고 가보고 싶다는 개인적인 욕심도 한몫했어요.
어쨌든 인연을 만들어 주는 프로그램을 파는 회사인데, 그 회사가 직원과의
인연을 소중하게 생각하지 않으면 안 되는 거잖아요. 회사가 창업할 때 가지
고 있던 가장 근본적인 창립 의지는 바꾸고 싶지 않아요. 그 외에는 다 변해야
하고 과감하게 바꿀 건 바꾸면서 가야 살아남겠지만."

"그래. 그게 초심인 셈이니까. 어쨌든 큰 결단 내렸다. 이거, 이제 더 이상 가르칠 게 없겠는
걸? 하산하도록 해. 하산."

"하하하. 형님도 참. 아직 갈 길이 멀기만 합니다."

"아니야. 많이 훌륭해졌어. 뚝심도 생긴 거 같고, 사업의 다각화를 꾀하는 시선도 생긴 거 같
고, 시대 흐름도 파악할 줄 아는 거 같고. 아무튼 앞으로는 더욱 잘하겠다는
생각이 드네. 우리 빛나가 시집 하나는 잘 가겠구나."

"제가 장가 잘 가는 거죠. 형님들 같은 멘토들을 누가 가족으로 삼을 수 있겠습니까!"

"네가 진짜 사업하는 사람이 다 됐구나! 치고 들어와서 어르고 점찍는 타이밍까지 정확하게
맞추네."

"그럼요!"

"참, 빛나가 일찍 퇴근하고 오기로 했는데… 양반은 아니네. 저기 온다. 빛나야!"

빛나가 환한 웃음을 띠며 커피숍 안으로 들어옵니다. 그 모습을 보던 병준의
얼굴에 자기도 모르게 웃음이 걸리네요. 하여간 좋기는 무지하게 좋은 모양입
니다. 종종걸음으로 다가 온 빛나가 병준의 팔짱을 끼며 애교를 부립니다.

"오빠랑 얘기 잘 했어?"

"응. 막 끝났어."

"우리 오빠가 또 막 잔소리한 건 아니니?"

"에이, 아니야. 얼마나 잘 도와주시는데."

보기만 해도 다정한 모습에 진우는 자기도 모르게 한숨을 푹 내쉽니다.

"4년 솔로 내공의 이 오라버니 앞에서 잘들 하는 짓이다."

그런 진우를 흘겨보며 빛나가 장난스럽게 말합니다.

"어머, 오빠 인연 찾기 어플 안 써? 그게 얼마나 좋은데. 우리 그걸로 만난 거 몰라? 혹시 알
아? 지금 이 카페 안에 아직 만나지 못한 오빠의 반쪽이 앉아 있을지?"

빛나의 말에 세 사람은 동시에 웃음을 터트립니다.

병준은 문득, 시작할 때 창업을 반대하던 빛나를 떠올립니다. 비록 처음에는
섭섭할 만큼 반대를 했지만 지금은 누구보다 든든한 후원자니까요. 환하게 웃
는 빛나를 보며 병준은 행복에 젖습니다.

Act 2 - Scene 2 :
Approaches to successfully implement
성공을 향해 가기

"성공한 사업가들은
언제나 인재로
키워질 수 있는
사람에 대한
관찰과 접근을
게을리하지 않는다."
- 찰스 슈와브

기회의 신, 그 앞머리 잡기

"感谢您光临我的婚礼"
"恭喜恭喜"

중국인 바이어의 결혼 축하 인사에 병준은 환하게 웃으며 악수를 합니다. 멋지게 턱시도를 차려 입은 병준의 입 꼬리가 귀에 걸린 채 내려올 생각을 하지 않습니다.

중국에 진출한 지 벌써 1년.

생각보다 더디기는 하지만 중국에서의 사업은 한 단계 한 단계 올라가고 있습니다. 중국 사람들은 인연을 찾아 주는 붉은 실이라는 개념 자체도 낯설어 하지 않은데다가 그들에게 붉은색은 행운의 색이었기에 처음부터 꽤 긍정적인 인상을 준 까닭입니다. 그래서인지 의외로 큰 난관 없이 진행되고 있는 중입니다. 물론 처음에는 적지 않은 시행착오가 있었습니다. 말이 안 통하는 것도 문제였지만 그들과 병준이 이해하고 있는 프로그램의 범위도 조금 차이가 있었고, 일하는 방식도 많이 달랐거든요. 결국 하루도 거르지 않고 화상회의와 전화 통화, 이메일과 팩스를 수십 통씩 주고받다 결국, 병준은 해외 진출한 달 만에 중국으로 날아갔습니다. 그렇게 직접 현지에 가서 하나하나 맨 손으로 해결하기 시작한 거죠. 그리고 6개월을 꼬박 중국에 머물면서 사업을 세팅한 결과, 레드연의 중국 법인이 만들어졌답니다. 법인을 만들고 한국인 직원과 중국 현지 직원을 채용해 어느 정도 일이 돌아갈 수 있게끔 구성한 후 귀국한 병준은 비행기에서 내리자마자, 곧장 빛나에게 가서 프러포즈를 했습니다. 6개월 동안 매일 쓴 편지 뭉치와 붉은 루비로 장식된 백금 결혼반지 그리고 결혼 100개년 포트폴리오와 함께요.

사실, 병준이 빛나에게 일일이 말은 하지 않았지만 중국에서의 6개월은 지난 3년을 압축해 놓은 것보다 훨씬 힘들고 어려웠습니다. 처음에는 어차피 국내에 있는 사업을 가지고 가서 지사를 만들어서 사업할 것이라 생각했기 때문에 중국어를 할 줄 아는 직원을 파견해서 진행을 했습니다. 그런데 이게 언어가 된다고 해서 사업을 진행할 수 있는 건 아니더라구요.

우선, 첫 번째 난관에 부딪힌 것은 중국에서의 지사 설립이었습니다. 외국 기업에 대한 중국의 법률을 아는 사람도 없고, 현지 사정을 모르다 보니 한고비 한고비가 모두 태산처럼 높았습니다. 처음에는 국내 법의 적용을 받는 단순한 연락 사무소 형식의 지사를 생각했는데 그것조차 쉽지 않았던 것이지요. 엎친 데 덮친 격으로 중국 진출 한 달 만에 파견 직원이 사표를 내버렸습니다. 무엇 하나 쉽게 가지 않는 상황에 지친 것이지요.

그래서 병준이 생각한 것이 합작 법인이었습니다. 향후 사업의 확장을 고려해

🔒 **해외 시장에 판 깔기!**
국내에서도 힘들었던 사업, 해외로 나가려니 막막한 느낌부터 드실 겁니다. 그럴 때는 주저 말고 중소기업청의 수출 지원 사업을 알아보세요. 중소기업의 해외 판로 및 진출을 위해 수출 성장 단계에 따른 다양한 지원책을 마련해서 지원하고 있습니다. 자금 지원뿐 아니라 컨설팅 지원, 수출 인큐베이터나 해외 민간네트워크를 통한 지사 설립까지 도움받을 수 있는 요소가 구석구석 많이 숨어 있답니다.

illustration by Noh Jun-gu

서 처음에 좀 어렵더라도 합작 법인을 만들어 철저하게 중국 시장에 맞는 서비스를 개발, 진출해 보고자 한 것입니다. 합작 법인 설립을 위해 한국말과 중국말이 모두 가능한 조선족을 고용했구요. 그런데 이것도 쉽지는 않았습니다. 일단 고용한 사람을 신뢰하는 부분에 있어서도 검증이 필요했고, 지분 문제도 부각되었습니다. 물론 법률적인 부분도 짚고 넘어가야 할 게 한두 가지가 아니었구요.

결국 한국에서 이것저것 챙기다가 병준이 직접 가게 된 것이었답니다.

중국에 가자마자 병준이 찾아간 곳은 변호사 사무실이었습니다. 이미 중국에 진출한 한국 기업의 추천을 받은 곳이었습니다. 그곳에서 병준은 법률 자문을 받아 현지 사정과 법에 맞게 각종 서류와 계약서를 만들기 시작했습니다. 그리고 합작 법인을 세우면서 현지인을 사장으로 세웠습니다. 대신 지분 조정을 통해 경영권의 상당부분을 확보했구요. 주요 경영 사항을 확보한 병준은 그 외의 상당 부분은 현지인 사장의 재량에 맡겼습니다. 영업의 방법이나 접대 방법 등이 모두 한국과 달라서 그런 점은 철저하게 현지 식으로 진행할 수 있도록 풀어 준 것이지요.

그러자 처음에는 병준을 100퍼센트 신뢰하지 않던 현지인 사장도 점점 마음을 열기 시작했습니다. 다른 사람들과는 달리 중국인 특유의 문화를 이해해주며 그 부분에 대한 자신의 권리를 인정해준 병준을 신뢰하게 된 것이지요.

그렇게 고비를 넘고 넘어서 간신히 안정이 된 것입니다.

그렇게 6개월 동안 중국에서 고군분투하면서 병준은 자신이 얼마나 빛나를 사랑하고 있는지 새삼 깨달았습니다. 바빠서 자주 연락을 하지 못했음에도 불구하고 빛나는 병준에게 이틀에 한 번 꼴로 힘내라는 말과 함께 한국에서 돌아가고 있는 여러 사회적 이슈에 대한 부분을 간략하게 메모해서 이메일을 보내주었습니다. 병준이 외국에 나가 있는 동안에도 국내 정세에 뒤떨어지지 않게끔 신경을 써 준 것이지요. 게다가 일부러 휴가를 내서 중국으로 찾아오기도 했답니다. 그나마도 병준이 신경 쓰는 거 싫다고 저녁 식사만 두 번 같이 한 게 다였습니다.

2박 3일의 짧은 시간 동안 혼자 시간을 보내게 한 것이 미안해서 간신히 공항까지 따라 나온 병준에게 빛나는 오히려 씩씩하게 격려를 해주었습니다.

"지금까지 봤던 모습 중에 제일 멋있다. 박병준!"

괜시리 더 활발한 척, 병준의 어깨를 툭툭 두드려 주던 빛나가 귀국하던 날 저녁, 왠지 모를 허전함을 안고 숙소로 돌아 온 병준은 그만 울고 말았답니다.

글쎄, 빛나가 우렁 각시처럼 온 집안을 싹 치워 놓고 몇 주는 먹어도 될 법한 반찬도 정갈하게 냉장고에 해서 넣어 둔데다 곳곳에 쪽지를 써서 붙여 놓았거든요. 혼자 사는 남자가 일에 미쳐서 돌아다니고 있는데 살림이나 제대로 했겠어요. 빨래도 산더미, 설거지도 산더미였겠지요. 빛나는 병준이 출근해서 일하는 동안 매일 조금씩 정리를 해왔던 겁니다. 서랍 정리에서부터 청소까지 온 집안이 반짝반짝 빛나게 만들어 놓은 거죠.

빛나는 알고 있었던 겁니다.

혼자, 모든 것을 끌어안고 가야 하는 사업가에게 주변에서 보여주는 신뢰와 믿음이 얼마나 힘이 되는지 말이지요. 그리고 실제로 그랬답니다. 살짝 치쳐 있었던 병준이 그날 저녁부터 완벽하게 부활했거든요.

그날 밤, 병준은 결심했습니다. 한국으로 가자마자 곧장 빛나에게 프러포즈를 하기로 말입니다.

그 다음은 앞에서 얘기한 대로입니다. 100개년 계획과 반지. 그리고 공항에서 곧장 달려가서 한 프러포즈.

수염도 채 깎지 못해 부스스하고 퀭한 얼굴이었지만, 공항에서 짐도 풀지 않고 곧장 달려와 프러포즈를 하는 병준을 보며 빛나는 그만 펑펑 울어버렸답니다. 그리고 흔쾌히 병준의 프러포즈를 받았습니다. 그 다음은 일사천리였습니다. 원래 병준이 추진력이 좀 있는 편이잖아요. 식장 잡는 것에서부터 신혼여행지 선정, 자금계획에 집구하기까지 쫙 일정표를 뽑고 딱 3개월 만에 오늘, 식을 올리는 거랍니다.

빛나에게 병준이 프러포즈를 했다는 얘기를 듣고 당사자만큼이나 기뻐한 두 사람이 있었습니다. 바로 빛나의 오빠인 현우와 진우입니다. 보통은 여동생이 결혼을 한다면 괜스레 반대하는 것이 오빠들이라지만 이 형제는 조금 달랐답니다. 그동안 사업적 멘토 역할을 하면서 누구보다 병준의 됨됨이를 잘 알게 되었거든요. 이 정도 되는 사람이면 충분히 빛나를 행복하게 해 줄 거라며 진심으로 병준을 반겼답니다.

물론, 병준의 회사 직원들도 진심으로 축하를 해 주었습니다. 특히 정구와 지은은 떨 듯이 기뻐했습니다. 아, 그거 아세요? 사실 정구와 지은, 이 두 사람 사이에도 은은한 핑크빛 기류가 흐르고 있답니다. 처음에는 서로 별 관심이 없었는데 함께 몇 년을 부딪치며 일을 하다 보니 어느 새 서로가 서로의 이상형이 되어 있었다나요 뭐라나요. 결정적인 계기는 얼마 전에 버전을 업그레이드한 인연 찾기 어플이었습니다. 업그레이드 버전에서 정구와 지은이 서로의 인연이라고 떴거든요. 그게 계기가 되어 두 사람은 지금 조심스럽게 인연을 연인으로 만드는 중이랍니다. 오늘, 빛나의 부케도 지은이 받기로 했고요.

오랜 연애 기간 그리고 창업 초기 3년의 굴곡을 함께 겪어낸 두 사람이라서 그런지 별 다른 긴장 없이 예식장에서도 웃고 떠들기 바쁩니다. 그런데, 둘러보니 상당히 젊은 친구들이 많이 보이네요. 다들 대학생 혹은 갓 대학을 졸업한 사람들로 보입니다. 사실, 이 친구들은 병준의 멘티들입니다. 얼마 전부터 병준이 기술창업을 하려는 친구들에게 멘토 역할을 해주고 있거든요.

많은 얘기를 듣고, 공부하고, 준비하고 시작한 사업이라 비교적 쉽게 넘어는 왔지만 병준에게도 지금에서야 비로소 깨닫게 되는 것들이 있거든요.

그래서 병준은 선배들이 자신에게 해줬던 것처럼 후배들을 위해 기꺼이 멘토링을 해주고 있습니다.

그러면서 본인이 더 많이 배우는 것도 사실입니다. 그들의 재기발랄한 아이디어가 늘 병준을 긴장시키거든요.

어쨌든 병준은 그렇게 기회를 하나하나 잡아내고, 주어진 혜택을 나누며 앞으로 나아가고 있습니다. 조만간 유럽이나 미주 시장에도 진출하게 되겠지요. 그렇게 되면 아마 전 세계의 사람을 서로 연결하고 인맥으로 만드는 일이 가능할지도 모릅니다. 소셜네트워크와는 또 다른 시장을 만들 수 있겠지요.

병준이 부러우신가요?

에이 부러우실 거 없어요. 왜냐구요?

부러우면 지는 거니까요.

지금, 시작하시면 됩니다.

"사업을 좌우해라.
사업에 의해
좌우되어서는
안 된다." –프랭클린

해외 진출을 하고자 하는 기업에게

해외에서 사업을 한다는 것은 결코 쉽지 않은 일입니다. 특히 문화권이 다른 서양일 경우는 더욱 그렇습니다. 보이지 않는 인종차별도 있지만 무엇보다 문화에 익숙하지 않은 데서 발생하는 사업적 오류들이 적지 않기 때문입니다. (주)레인디의 경우 뉴질랜드, 영국, 캐나다 등지에서 공동사업 제안을 받았는데 이중, 라이선스 방식이 아니라 회사의 지분을 분배하기로 한 뉴질랜드 회사를 선택해 공동사업을 시작했습니다. 이 과정에서 뉴질랜드에서는 상법상 외국인이 지분을 50% 이상 가질 수가 없기 때문에 뉴질랜드 회사와 레인디가 지분을 각각 50 : 50으로 보유하는 조인트 벤처 형태가 되었습니다. 기존의 뉴질랜드 회사가 신주를 발행해 레인디를 주주로 배정하였고, 이사회는 뉴질랜드 임원들이 유지함으로써 독립을 보장해 주는 형태였지요. 이사회의 독립을 현지인들에게 보장해 준 이유는 신속한 의사결정을 가능케 하기 위함이었습니다. 이 과정에서 주주 간 계약서를 양측의 합의 아래 작성하게 되는데, 이때는 반드시 국제 변호사를 활용해 계약서 문항 하나하나를 꼼꼼히 체크해야 합니다. 변호사비를 절약하기 위해 주주 간 영문계약서를 개인이 검토했다가는 추후에 큰 낭패를 볼 수 있기 때문입니다. 해외 법인의 경우 현지의 상법에 맞춰 계약서가 작성해야 법적 효력이 발생합니다. 레인디 역시 한국과 뉴질랜드의 상법에 다소 다른 부분이 있어 뉴질랜드 상법에 맞춰 현지 조인트 벤처의 주주가 계약서를 작성했습니다. 이 과정에서 뉴질랜드와 동일 지역에 포함된 호주의 사업 우선권도 뉴질랜드 현지 법인에게 부여했는데, 이 판단은 추후에 해외사업을 확장하는 데 있어 큰 도움이 되었습니다. 뉴질랜드 현지 조인트 벤처를 통해 해외사업을 본격 가동하면서 호주에 있는 기업들의 정보도 자연스럽게 얻게 되었고, 결국 호주의 한 벤처회사와 손을 잡고 호주 시장에도 진출하게 되었습니다. 만약 레인디가 뉴질랜드에 조인트 벤처를 만들지 않았다면, 호주 기업과 손을 잡고 현지 시장에 진출하는 것도 쉽지 않았겠지요. 일단 해외사업을 시작하면, 동일한 언어권 국가에서는 또 다른 기회로 이어지는 경우가 많습니다. 꼬리에 꼬리를 무는 사업이라고 해야 하나요? 그러니 일단 해외사업을 시작할 것을 권합니다.

권 시장에 최대한 빠른 시간 안에 진출할 것을 권합니다. 레인디의 대표 벤처기업을 운영하면 업계 관계자들과 친분을 유지할 일이 많이 생깁니다. 레인디의 대표에게 한국에 방문한 실리콘 밸리의 유명한 기업가들 모임인 '긱스 온 어 플레인'에 참석해 영어로 프레젠테이션을 할 기회가 있었습니다. 그리고 이 프레젠테이션을 통해 미국 유명 테크 블로그 미디어인 〈테크크런치〉의 기자 석칸을 만났구요. 그가 작성한 레인디의 뉴질랜드 진출 이야기를 통해 많은 외국 기업 전문가들에게 레인디가 자연스레 알려지게 되었고, 이 기사를 본 덴마크의 벤처기업으로부터 러브콜을 받게 되었습니다. 그 결과 뉴질랜드와 호주에 이어 덴마크에도 진출을 하게 되었습니다. 이렇게 레인디는 지금도 조금씩 조금씩 해외로 영역을 넓혀 가고 있습니다.

사실, 해외사업은 무엇보다 실행이 중요합니다. 물론 철저한 준비가 선행된 실행임은 당연한 일입니다. 낯선 외국에서 성공을 거두기 위해서는 국내에서 하는 노력의 열 배, 스무 배가 필요합니다.

(주)레인디 대표이사 김현진

Act 3 :
Useful tip for information

알토란 정보 *2011년 기준입니다.

"우리는 항상 지나치게 많은
계획을 세우면서도
항상 생각하는 것이 너무 적다." - 슘페터

01

중소기업청을 소개합니다!

중소기업청만 잘 활용해도 기술 창업, 10배는 쉬워지고, 20배는 빨라집니다.

창업선도대학 육성사업

대학 창업지원사업의 선택과 집중을 대폭 강화하여 창업교육패키지 지원, 예비기술창업자 육성 등 창업과정 전반에 걸친 프로그램을 일괄 지원함으로써 지역 거점별 창업선도대학을 육성하는 사업입니다. 현재 15개 대학이 선정되어 창업단계별 정책수단을 패키지 방식으로 일괄 지원하여, 선도대학 중심으로 창업클러스터 형성을 유도합니다. 신청대상은 고등교육법 등에 근거하여 설립된 전국 346개 대학 및 전문대학, 특정연구육성법 제2조에 해당하는 기관 중 교육기능을 수행하는 기관 등입니다. 지원내용은 창업교육패키지, 예비기술 창업자 육성, 지역창업경진대회 개최 등입니다. 예산은 305.5억 원입니다. 신청은 **온라인 창업넷(www.changupnet.go.kr/jiwon)**으로 합니다.

예비 기술창업자 육성사업

대학과 연구기관을 주관으로 지정하여 해당기관이 보유한 창업지원 인프라를 활용하여 예비기술창업자(팀)의 창업 준비 활동을 지원하는 사업입니다. 신청대상은 예비창업자(2인 이상의 예비창업팀) 또는 창업 후 1년 이내인 사람입니다. 지원내용은 창업 준비 공간, 시제품 제작, 창업교육, 멘토 기술지도, 지식재산권 인증 등이며 개인은 최대 5,000만 원, 팀은 7,000만 원까지 지원합니다. 신청은 **온라인 창업넷(www.changupnet.go.kr/jiwon)**으로 합니다.

온라인 재택창업시스템

회사를 설립할 때, 직접 해당 기관을 찾아다니지 않고, 온라인상에서 기존 상호검색에서부터 4대보험 가입에 이르기까지 전 과정을 간편하게 처리할 수 있는 원스톱 **회사설립시스템(www.startbiz.go.kr)**입니다. 신청대상은 10억 미만의 주식회사(법인) 발기설립 예비창업자입니다.

창업 초기기업 육성자금(융자)

우수한 기술력과 사업성은 있으나 자금력이 부족한 중소 벤처기업의 창업자금을 지원합니다. 신청대상은 창업 후 7년 미만인 기업과 창업예정인 사람입니다. 지원내용은 시설자금 업체당 연간 30억, 운전자금 5억 원으로 대출을 해드립니다. 신청은 중소기업진흥공단 지역 본 지부로 합니다. 예산은 1.4조 원입니다. 신청은 **중소기업진흥공단(www.sbc.or.kr)**을 통해 합니다.

illustration by Byun Young-geun / photograph by Park Gun-ju

02

창업하는 사람들을 위한 창업진흥원

오직 창업을 준비하는 사람들을 돕겠다는 목적으로 만들어진 창업진흥원은 창업을 하기 전에 꼭 들러 보아야 하는 곳입니다.

창업을 준비하는 사람이라면 꼭 한 번 알아보아야 할 곳이 바로 창업진흥원입니다. 창업에 필요한 교육부터 각종 지원까지 여러 가지로 도움을 받을 수 있습니다. 창업진흥원은 지역별 창업보육센터와 협력체계를 구축하여 예비창업자 및 창업 초기기업을 보육하고, 대학과 연구기관에 소속된 센터가 보유한 기술, 인력, 정보 및 각종 연구개발장비를 체계적으로 지원함으로써 궁극적으로 국가 경쟁력 강화에 이바지하고자 설립된 기관입니다.

주요 사업으로는 크게 신기술 창업 인프라 구축사업과 기술창업 활성화 지원사업으로 나눌 수 있습니다. 신기술 창업 인프라 구축사업에는 BI 창업성공률 재고사업으로 입주기업의 국내외시장개척 지원사업, 창업보육센터 건립지원, 창업보육센터장과 매니저 워크숍, 창업보육 매니저 교육 및 자격증 제도 운영이 있습니다. 창업역량 강화사업으로 창업선도대학, 우수 창업아이템 개발지원, 지역대학생 창업활성화, 선진해외 창업연수, 창업대학원, 1사 1꿈나무 육성사업을 지원하고 있습니다. 그리고 창업조사 연구 분석을 위하여 글로벌기업가정신(GEM) 국제협력사업, 창업통계조사 및 연구 분석을 하고 있습니다. 기술창업 활성화 지원사업으로는 예비기술 창업자 육성사업, 지식서비스분야 아이디어 상업화 지원사업, 유망특허 활용 기술창업지원사업, 선도벤처연계 기술창업지원사업, 청년창업사관학교가 있습니다.

» 대전광역시 서구 한밭대로 797 캐피탈타워 5층
(042) 480-4300 www.iked.or.kr

03

<u>쉿! 당신만 알고
계세요.
이런 창업 지원
정책이 있는 줄
모르셨죠?</u>

기술과 아이디어로 창업을 하려는 사람들을
위해 나라에서는 정말 다양한 지원책을 마련
해 놓고 있습니다. 이 많은 지원책 중 하나도
도전해보지 않는다면, 억울하지 않겠어요?

대학 창업교육 패키지사업

대학생의 창업교육과 창업동아리 활동을 지원하기
위한 사업으로 대학 내 창업 강좌 개설, 창업동아리
아이템 개발, 창업전담인력 인건비 등을 일괄 지원하
는 사업입니다. 예산은 13.5억 원입니다. 자세한 사항
은 **온라인 창업넷**(www.changupnet.go.kr/jiwon)
을 참고하세요.

창업동아리

대학(고등)생의 창업동아리 중 우수 창업아이템을 보
유한 동아리를 지원하여 우수한 예비창업자 육성 및
학생창업을 촉진하기 위한 우수 창업아이템 개발지
원 사업입니다. 선정된 동아리는 아이템의 실제 사업
화를 위한 시제품 개발을 지원하고 창업교육 등 창업
마인드 함양을 위한 지원도 병행하고 있습니다. 자세
한 사항은 **온라인 창업넷**(www.changupnet.go.kr/
jiwon)을 참고하세요.

청소년 비즈쿨 지원사업

청소년의 체계적인 창업교육과 창업유망주를 발굴,
육성하기 위한 사업입니다. 전국 100개 초 중 고 비
즈쿨 학교를 지정하여 운영하고 예산은 43.87억 원
입니다.

선도벤처 연계 기술창업 지원사업

선도벤처기업의 노하우를 전수하고 예비 창업팀 또
는 창업 후 1년 이내 기업의 사업화에 소요되는 창
업공간, 시제품제작, 멘토링 및 기술 컨설팅 등을 지
원하는 사업입니다. 예산은 30억 원입니다. 자세한
사항은 **온라인 창업넷**(www.changupnet.go.kr/
jiwon)을 참고하세요.

illustration by Byun Young-geun

유망특허 활용 기술창업 지원사업

대학 및 연구기관 등이 보유하고 있는 다수의 우수한 미활용 특허기술 중에서 창업유망 특허를 선별하여 기술창업 아이템으로 연계 지원하는 사업입니다. 지원대상은 예비창업팀(2~4명) 또는 창업 후 1년 이내 기업으로 특허의 이전 및 사업화에 필요한 기술멘토링, 시제품 제작, 마케팅비용 등 최대 7천만 원까지 지원하고 총예산은 49억 원입니다. 자세한 사항은 **온라인 창업넷**(www.changupnet.go.kr/jiwon)을 참고하세요.

기술창업 아카데미

대학 등이 우수한 예비 기술창업자를 발굴하여 창업실무, 사업모델개발 등 실전 창업교육을 실시하고, 수료생에게는 자금 입지 등 연계지원을 통해 창업 시 발생하는 문제를 사전에 예방하여 창업성공률을 높이기 위한 목적을 가지고 있습니다. 예산은 20억 원입니다. 자세한 사항은 **온라인 창업넷**(www.changupnet.go.kr/jiwon)을 참고하세요.

신기술창업집적지역 지원사업

대학과 연구소 등 신기술창업집적지역 조성 촉진을 위해 인프라 조성 및 공동 생산 장비 구축비용의 일부를 지원하는 사업입니다. 이를 통해 예비창업자와 창업기업이 생산 장비 등을 효율적으로 이용할 수 있습니다. 예산은 15억 원입니다. 자세한 사항은 **온라인 창업넷**(www.changupnet.go.kr/jiwon)을 참고하세요.

청년창업 사관학교

청년예비창업자(팀)를 선발하여 사관학교와 같은 체계적인 교육을 실시하고, 창업단계 전 분야를 일괄 지원하여 젊고 혁신적인 청년창업CEO를 양성하는 사업입니다. 신청대상은 만 39세 이하로 창업을 준비 중인 예비창업자 또는 창업 3년 이내 기업의 대표자입니다. 예산은 180억 원입니다.
창업공간과 기술개발비, 시제품제작비 등 창업단계별 소요비용을 지원합니다. 체계적인 기술창업교육도 실시하며, 전담교수를 1대 1로 배치하여 창업 전 과정을 집중적으로 코치합니다. 또한 사관학교 내에 기숙사 이용이 가능한 사업 준비 공간을 제공합니다. 사업비 지원은 총 사업비용의 70%이고 최대 1억 원 이내로 지원 가능합니다. 신청은 **온라인 창업넷**(www.changupnet.go.kr/jiwon)으로 합니다.

창업보육센터 입주기업 경쟁력강화 (마케팅) 지원사업

창업보육센터 입주기업 가운데 우수 기업을 선정하여 제품화, 국내전시회, 해외전시회, 해외시장개척단 등에 부스임차료, 통역비, 왕복항공료 등의 일부를 지원하여 안정적인 성장을 지원하는 사업입니다. 예산은 38.6억 원입니다. 자세한 사항은 **온라인 창업넷**(www.changupnet.go.kr/jiwon)을 참고하세요.

창업보육센터 건립 및 운영지원

예비창업자 및 창업기업의 안정적 창업활동을 위해 우수한 입지와 창업지원 인프라를 가지고 있는 창업보육센터의 신규 또는 확장건립에 소요되는 건립비 및 창업보육센터 운영 입주기업 지원에 필요한 운영비 일부를 지원합니다. 예산은 334억 원입니다. 자세한 사항은 **온라인 창업넷**(www.changupnet.go.kr/jiwon)을 참고하세요.

대한민국 실전창업리그

우수한 창업아이디어나 아이템을 보유한 예비창업자 또는 창업팀을 포상하고 창업교육, 특허출원 및 기술평가, 해외시장견학, 창업지원시책 연계 지원을 통해 창업 분위기 확산 및 창업 촉진을 위한 사업입니다. 예산은 10억 원입니다. 자세한 사항은 **온라인 창업넷**(www.changupnet.go.kr/jiwon)을 참고하세요. 아마 많은 도움이 되실걸요?

04

창업에 대해
배울 수 있는,
창업대학원

준비된 창업을 돕는 곳, 창업에 대한 공부를
할 수 있는 곳, 창업대학원입니다.

창업에 대해 조금 더 세분화되고 심화된 공부를 원한
다면 창업대학원을 알아보는 방법이 있습니다. 창업
대학원은 중소기업청에서 추진하는 창업역량 강화
사업의 하나입니다. 권역 별로 5개의 창업대학원이
설치되어 있고, 예비창업자 육성 및 창업전문가를 양
성하기 위해 국가에서 지원하는 전문적인 정규 석사
학위 과정의 특수대학원입니다.
입학정원은 대학원 별로 30명씩이며, 연간 600시간
이상의 교육을 하게 되어 있습니다. 강의 35%, 실습
65%로 구성되어 강의는 외부강사 70% 이상으로 세
미나, 팀티칭 등 실무 중심의 강의를 진행하고, 실습
과목은 인턴제, 전문가 코칭, 해외연수 (연1회) 등으
로 구성이 되어 있습니다.
중앙대 사립 특수대학원 (주간, 4학기), 한밭대 국립
특수대학원 (주간, 4학기), 경남과학기술대학교 국립
특수대학원 (주간, 4학기), 호서대 사립 특수대학원
(야간, 4학기), 예원예술대 사립 특수대학원 (주간, 5
학기)의 5개의 대학에 창업 대학원이 있습니다.

» 중앙대학교 산업창업경영대학원
   (031) 670-3008 iem.cau.ac.kr
» 한밭대학교 창업경영대학원
   (042) 821-1781 start.hanbat.ac.kr
» 경남과학기술대학교 벤처창업대학원
   (055) 751-3601 www.ceomba.org
» 호서대학교 글로벌창업대학원
   (02) 2055-2927 leader.hoseo.ac.kr
» 예원예술대학교 문화영상창업대학원
   (063) 253-7071 yueg.yewon.ac.kr

photograph by Park Gun-ju

05

창업 자금 마련을 위한 조언 몇 가지

자본이 없어 사업을 하지 못한다는 것은 핑계! 라는 사실!

내 사업에 날개를 달아 줄
기술보증기금(기술창업기업 특례보증)

기술은 가지고 있지만 자본이 없어서 창업을 하기 힘들다고 생각하는 사람들에게는 바로 여기 기술보증기금이 있습니다. 사업자의 기술평가를 통해 회사 운영에 필요한 자금을 지원받을 수 있습니다. 기술보증제도는 담보능력이 미약한 창업 후 5년 이내의 기술창업 기업이 보유하고 있는 무형의 기술을 심사하여 기술보증서를 발급하여 줌으로서 금융기관 등으로부터 자금을 지원받을 수 있는 제도입니다. 우수한 기술력을 바탕으로 건전한 기업 활동을 통하여 성실하게 노력하는 기업이 기술보증기금을 이용함으로써 자금조달에 따르는 담보문제를 손쉽게 해결할 수 있을 것입니다. 기업에 대한 정량화된 평가는 주로 신용평가를 통해서 이루어지고 있으나, 초기기업 또는 기술 혁신형 기업의 경우 신용평가등급(재무등급) 산출이 불가능하거나 낮게 산출되므로 시장에서 제대로 평가받지 못합니다. 따라서 이들 기업은 기술평가를 통해서 정보 비대칭성을 줄이면서 정책적인 지원을 위한 판단 기능으로서 기술평가가 유용한 수단이 될 수 있습니다.

기술평가의 유형은 기술의 사업타당성을 등급으로 평가하는 기술사업평가와 기업의 전반적 기술능력을 평가하는 것으로 개별기술 수준, 기술인력, 지적재산권, 연구시설 등을 종합적으로 평가하는 기술력평가, 기술의 이전 및 거래나 담보가치 산정 등을 목적으로 개별기술의 가치를 금전적으로 환산하는 기술가치평가가 있습니다.

기술보증기금은 기술창업기업 지원 전문기관으로서 예비창업단계부터 성공에 이르기까지 성장단계별로 각종지원제도를 마련하여 기술창업지원 활성화에 노력하고 있습니다.

» 부산시 중구 중앙로 77
1544-1120 www.kibo.or.kr

illustration by Byun Young-geun

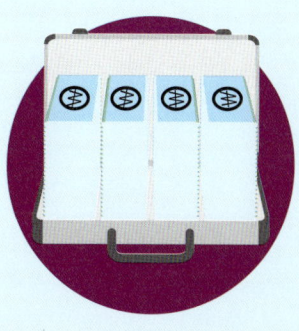

» 한국벤처캐피탈협회
서울시 서초구 법원3길 14-1 4층
www.kca.or.kr

중소기업의 금융을 원활하게 해주는 신용보증기금

신용보증기금은 담보가 부족한 기업을 평가해서 신용으로 대출을 받을 수 있도록 금융기관에 보증을 서주는 곳입니다. 신용보증기금은 신용보증을 통하여 중소기업의 금융을 원활히 하고, 신용정보의 효율적인 관리 운용을 통하여 건전한 신용질서를 확립하고자 하는 목적을 가지고 있습니다. 균형 있는 국민경제의 발전에 선도적인 역할을 하고 있는 중소기업 종합지원기관입니다.

기업이 은행 등에서 자금을 빌릴 때 신용평가를 거쳐 보증서를 발급해주는 업무에서부터 어음이나 외상매출금이 회수 불가능할 때 보험금을 수령함으로써 연쇄 부실을 막기 위한 신용보험 제도를 운영하고 창업상담부터 창업 후 컨설팅까지 맞춤형 원스톱 서비스도 제공하고 있습니다. 또한 비상장 우량기업의 재무구조 개선을 위해 보증기업의 주식이나 사채에 투자하는 보증연계투자사업, 개별기업의 회사채를 유동화 회사 보증 업무, 초기 사업자금이 많이 필요한 SOC민간사업자가 대출을 받거나 채권을 발행할 때 보증을 서주는 산업기반 신용보증업무 등 기업의 자금조달 활동을 포괄적으로 지원하고 있습니다. 이밖에도 신용정보를 분석하여 체계적으로 관리하는 신용정보 관리업무와 중소기업의 생산성 향상을 위한 경영컨설팅 업무를 수행하고 있습니다.

» 서울시 마포구 공덕동 254-5
1588-6565 www.kodit.co.kr

회사의 가치를 판단, 과감하게 지원하는 벤처캐피털(Venture Capital)

벤처기업들은 기술과 아이디어를 기반으로 만들어진 회사들이기 때문에 창업 초기 경영기반이 약하고, 담보로 삼을 수 있는 것들이 만들어지지 않아 대출을 받을 수 있는 기회가 매우 적습니다. 위험성이 크기에 일반 금융기관에서는 쉽게 대출을 해주지 못하는 것입니다. 그런 벤처 기업들의 높은 기술력과 장래성을 보고 자금을 투자하는 기업이 바로 벤처캐피털입니다. 벤처캐피털은 창업 초기단계에 자본참여를 통해 기업가와 위험을 공동 부담하고 자금, 경영관리, 기술지도 등 종합적인 지원을 제공합니다. 일반적으로 해당 기업이 성장하여 주식을 공개함으로써 자본이득을 얻어 수익을 올릴 수 있습니다.

우리나라에서는 벤처캐피털과 창업투자회사라는 단어를 동일시하고 있습니다. 창업투자회사에서는 모태펀드나 국민연금 등 연기금 또는 외국인 투자가로부터 출자를 받아서 벤처펀드를 조성하여 자금을 조달합니다. 신기술사업금융회사 또한 벤처캐피털에 포함됩니다. 예를 들어 산은캐피탈, 포스텍 기술투자, 큐캐피털, 우리기술투자 들이 있습니다.

국내 벤처캐피털에서 운영하는 자금은 정부지원자금 및 사모 등을 통해 조성된 조합 형식으로 이루어진 경우가 대부분입니다. 이것을 단어 의미 그대로 펀드라고 부릅니다. 그러므로 각 벤처캐피털이 어떤 펀드를 소유하고 있는지, 펀드의 운용기간은 얼마나 되며 만기일은 언제인지, 벤처캐피털의 투자 심사원들의 전문 분야 및 특징을 잘 파악하고 있어야 합니다. 벤처캐피털의 투자방식에는 보통주, 상환전환우선주, 전환사채, 신주인수권부사채, PF(Project Financing) 등이 있습니다. 근래에는 상환전환 우선주와 전환사채 등을 이용한 투자가 활발히 진행되고 있으며, 콘텐츠 및 영화 등 엔터테인먼트 분야의 경우 PF방식의 투자가 일반적입니다.

벤처캐피털의 투자를 유치하려 할 때에 투자 검토에서 투자금이 입금되기까지 기간은 보통 3개월에서 6개월, 경우에 따라서는 1년 이상이 소요되기도 합니다.

06

내 아이디어를
보호하기 위한
특허 내는 법과
특허기술
거래하기

내 창업의 핵심 역량, 아이디어를 보호하기
위한 기본 마련하기. 특허입니다.

자신만이 가진 아이디어나 기술이 있다면 사업을 시
작하기 전에 우선 특허부터 내야 합니다. 특허라고
하면 굉장한 기술을 가지고 있어야 한다고 생각하기
쉽지만 그렇지 않은 경우도 많습니다.

특허를 내는 가장 쉬운 법은 변리사를 통해 출원하
는 방법일 것입니다. 하지만 이것은 비용이 많이 든
다는 단점이 있습니다. 변리사를 통하게 되면 150만
원 이상의 비용이 소요되지만 본인이 하게 되면 10만
원 미만의 비용으로도 가능하니 꼼꼼히 알아보는 게
좋습니다. 변리사를 통하지 않고 개인이 직접 특허를
출원할 경우 수수료와 3년 치 등록료의 70%를 감면
받을 수 있고, 학생일 경우에는 전액 면제까지 가능
하다고 하니 비용을 더 절약할 수도 있습니다.

특허를 출원하기 위해 가장 먼저 해야 할 일은 선등
록 여부 조사입니다. 한마디로 내가 신청하려는 특허
를 누가 먼저 낸 사람은 없는지 살펴보는 과정입니
다. 특허청 특허전자도서관, 특허청 서울사무소, 지
역지식재산센터에서 확인가능하며, **특허청 홈페이
지(www.kipo.go.kr)와 한국특허정보원(www.kipris.
or.kr)**을 통해서도 선행기술을 확인할 수 있습니다.
확인 작업, 꼭 먼저 하셔야 합니다.

두 번째로 해야 할 일은 출원서류(요약서, 명세서, 도
면 등)을 작성해 특허청에 제출하는 것입니다. 직접
특허청에 가서 제출해도 되고, 인터넷의 **특허청 전자
출원사이트(www.patent.go.kr)**에 들어가서 제출을
해도 됩니다.

다음은 출원공개입니다. 출원된 서류는 출원일로부
터 18개월이 지나면 자동으로 공개됩니다.

그러면 심사를 통해 특허를 결정하는 단계를 거칩니
다. 심사를 거쳐 분류를 하고, 각 기술 분야별 담당 심
사관이 심사를 합니다. 특허가 결정 났을 경우 출원
인이 특허료를 납부하면 특허권이 설정되는 것이고,
특허가 거절되었을 경우 출원인에게 통보를 합니다.
이것으로 특허 내는 과정은 끝입니다. 생각보다 간단
한 과정이니 기술이 있다면 한번쯤은 특허를 신청해
보는 것이 좋을 것 같습니다.

또한 여러분이 등록한 특허기술을 판매하고 싶을 때
는 인터넷 **특허기술장터 사이트(patentmart.or.kr)**에
들어가시면 판매자와 구매자 검색 및 자유롭게 거래
를 할 수 있습니다.

07

이런 특혜를 놓치면 바보. 창업한 기업들만 받을 수 있는 조세 감면혜택이 있어요!

세금만 알뜰하게 내도 큰 도움이 됩니다.

» 국세청 www.nts.go.kr

DVD-R | 16x
4.7GB, 2hr

창업기업 법인세 감면
(조세특례제한법 제6조 등)

2012년 12월 31일 이전에 수도권 과밀억제권역 외의 지역에서 창업한 중소기업, 창업보육센터사업자로 지정받은 내국법인, 창업 후 3년 이내에 2012.12.31 까지 벤처기업으로 확인받은 내국법인, 2012.12.31 이전에 에너지신기술중소기업에 해당하는 내국법인은 최초로 소득이 발생한 과세연도부터 그 후 3년간 법인세 50%를 감면해주는 제도가 있습니다. 사업개시 후 5년이 경과할 때까지 소득이 발생하지 않는 경우 5년 이후 3년 간 법인세를 50% 감면해줍니다.

창업기업 취득세, 등록세 면제
(조세특례제한법 제119조, 120조)

창업중소기업, 창업벤처중소기업이 해당 사업을 영위코자 창업일(벤처기업확인일)로부터 4년 내에 취득하는 사업용 재산에 관한 등록세, 취득세를 면제해줍니다. 이런 특혜, 놓치면 아깝겠죠?

창업기업 재산세 감면

창업일로부터 5년간 재산세의 100분의 50에 상당하는 세액을 감면해줍니다.

08

사업자가 내야 할 세금들

창업을 하고 사업자등록을 하게 되면 나라에 세금을 납부해야 합니다. 많은 창업자들이 창업을 하면서 세금을 생각하지 않는 경우가 많은데 조세의 의무는 사업자의 중요한 의무이므로 반드시 미리 생각해야 할 부분입니다.

소득세와 법인세

개인사업자는 소득세를 법인사업자는 법인세를 통해 사업을 통해 얻은 소득에 대하여 세금을 냅니다. 매년 1월 1일부터 12월 31일까지 연간 얻은 소득에 대하여 개인사업자는 다음해 5월 31일, 법인사업자는 3월 31일 까지 세무서에 신고를 하면 됩니다.

소득세는 소득금액에서 소득공제를 뺀 금액을 과세표준에 맞추어 내게 됩니다. 소득금액은 연간 총수입금액에서 필요경비를 뺀 나머지를 말합니다. 이 소득금액이 1,200만 원 이하일 경우 세율은 6%, 1,200만 원 초과 4,600만 원 이하일 경우 72만 원에 1,200만 원을 초과금액의 15%, 4,600만원 초과 8,800만 원 이하인 경우 582만 원에 4,060만 원 초과금액의 24%, 8,800만 원 초과 시 1,590만 원에 8,800만 원 초과금액의 35%를 내도록 정해져 있습니다. 세금의 부담을 줄여주기 위해 생활에 필요한 최소한의 경비를 소득금액에서 차감하여 과세 표준을 계산하는데 이것을 종합소득공제라고 합니다. 기본공제, 추가공제, 연금보험료공제, 표준공제, 기부금공제, 연금저축공제 등이 있습니다.

법인세는 각 사업연도 소득에 과세표준을 적용하여 세금을 냅니다. 2억 원 이하에 대해서는 과세표준에 10%를 곱하고, 2억 원 초과에 대해서는 과세표준에 서 2억 원을 뺀 금액에 22%를 곱한 후 2,000만 원을 더하면 됩니다.

부가가치세

사업자가 낼 세금에는 부가가치세도 있습니다. 부가가치세는 물건 값에 포함되어 있는 것입니다. 물건을 팔 때 10%의 부가가치세를 붙여서 판매하고 그것을 사업자가 잠시 보관했다가 다시 나라에 납부하는 것입니다.

원천징수

원천징수하는 세금도 있습니다. 원천징수란 사업자가 직원들에게 금액을 지급할 때 그 금액을 받는 사람들이 내야 할 세금을 미리 떼어서 내는 제도입니다. 국가를 대신해서 징수하는 것이지요.

> 소득세율 » 8,800만 원 초과분에 대하여
> 　　　　　2012년부터 33%로 적용
> 법인세율 » 2억 원 초과금액에 대하여
> 　　　　　2011년까지는 22%,
> 　　　　　2012년부터 20% 적용합니다.

300.000

mc	m+	m-	mr
clear	+/-	/	*
7	8	9	-
4	5	6	+

illustration by Byun Young-geun / photograph by Park Gun-ju

09

사업을 하다 극복하기 어려운 상황에 직면했을 때

우수한 사업아이템을 가지고 사업을 시작하더라도 시장의 변화 등으로 어려움에 직면하여 결국 죽음의 계곡이나 막다른 골목에 홀로 놓일 때가 있습니다. 이럴 때 필요한 지원사업이 바로 사업전환 지원사업입니다.

사업전환 지원사업

경쟁력이 떨어진 업종이나 품목의 사업을 축소 폐지하고 새로운 업종 품목의 사업에 진출하려는 중소기업을 지원하는 사업입니다. 사업전환을 계획하고 있는 업력 3년 이상, 상시종업원 5인 이상 중소기업을 대상으로 자금, 컨설팅 지원, 세제지원, 고용안정지원, 유휴설비 매각정보 제동 등을 지원합니다. 자금지원은 **중소기업진흥공단(www.sbc.or.kr)**에 들어가서 신청하시고, 컨설팅 지원은 **중소기업 컨설팅 사업 홈페이지(www.smbacon.go.kr)**에서 신청하시면 됩니다.

10

수출을 하고 싶은 당신이 꼭 알아야 할 것들

내 사업을 키우기 위한 수출, 조금만 도움을 받아도 세계를 향한 길이 열립니다.

중소기업 수출역량강화

중소기업의 수출규모와 역량에 따라서 세 단계로 구분해 지원하는 사업입니다. 직전년도 직수출 실적 100만 달러 이하인 내수 및 수출 초보기업과 100에서 500만 달러 사이의 수출유망기업, 500에서 2,000만 달러 사이의 글로벌 강소기업으로 나누는데 각각 1,000개, 200개, 100개의 회사를 지원하는 프로그램입니다. 초보 기업의 경우 90%까지 지원을 받을 수 있고 지원 항목은 교육이나 홍보용 디자인, 바이어 알선, 시장 조사, 자문과 번역 등이고 유망 기업은 심층 시장 조사와 제품 디자인 개발 분야에서 70%까지 지원을 받을 수 있습니다. 글로벌 강소기업은 50% 내에서 지원받을 수 있으며 진출 전략 컨설팅 및 글로벌브랜드 개발 지원을 받을 수 있습니다. 각각의 역량에 따라 맞춤으로 지원을 받을 수 있다는 강점이 있는 셈이지요. **중소기업청 수출지원센터**(www.exportcenter.go.kr) 혹은 **비즈인포**(www.bizinfo.go.kr)에서 정보를 얻으실 수 있답니다.

수출인큐베이터 운영

세계 주요 교역거점에 설치된 수출인큐베이터에 저렴한 비용으로 입주할 수 있는 사무공간을 지원하는 사업입니다. 자그마치 257개의 기업 입주실이 마련되어 있답니다. 나라도 다양해서 미국, 브라질, 독일, 일본, 중국, 베트남, 싱가포르, 러시아, UAE, 인도, 멕시코의 11개국 17개 지역에 고루 분포되어 있습니다. 현지 법인 혹은 지사를 설립하고자 하는 제조업전업률 30% 이상의 중소제조업이나 정보통신서비스, 소프트웨어, 광고 및 디자인을 중점으로 하는 지식서비스업 기업들이 지원을 받을 수 있습니다. 첫 해에는 임차료의 80%를 지원해주고 사무실과 회의실, 집기뿐 아니라 자문 및 컨설팅까지 지원 가능합니다. **수출인큐베이터 홈페이지**(www.sbc-kbdc.com)에서 신청이 가능하답니다.

» 중소기업청 수출지원센터
www.exportcenter.go.kr

» 비즈인포
www.bizinfo.go.kr

» 수출인큐베이터
www.sbc-kbdc.com

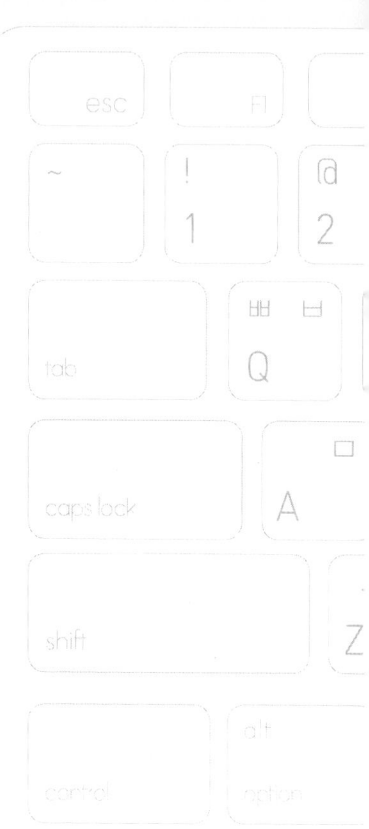

klik
klik
klik
OLYMPUS
Canon
Nikon

PENN
FITCH
SAT FEB
GAME
LIVE
YOUR
LIFE
SAMSUNG

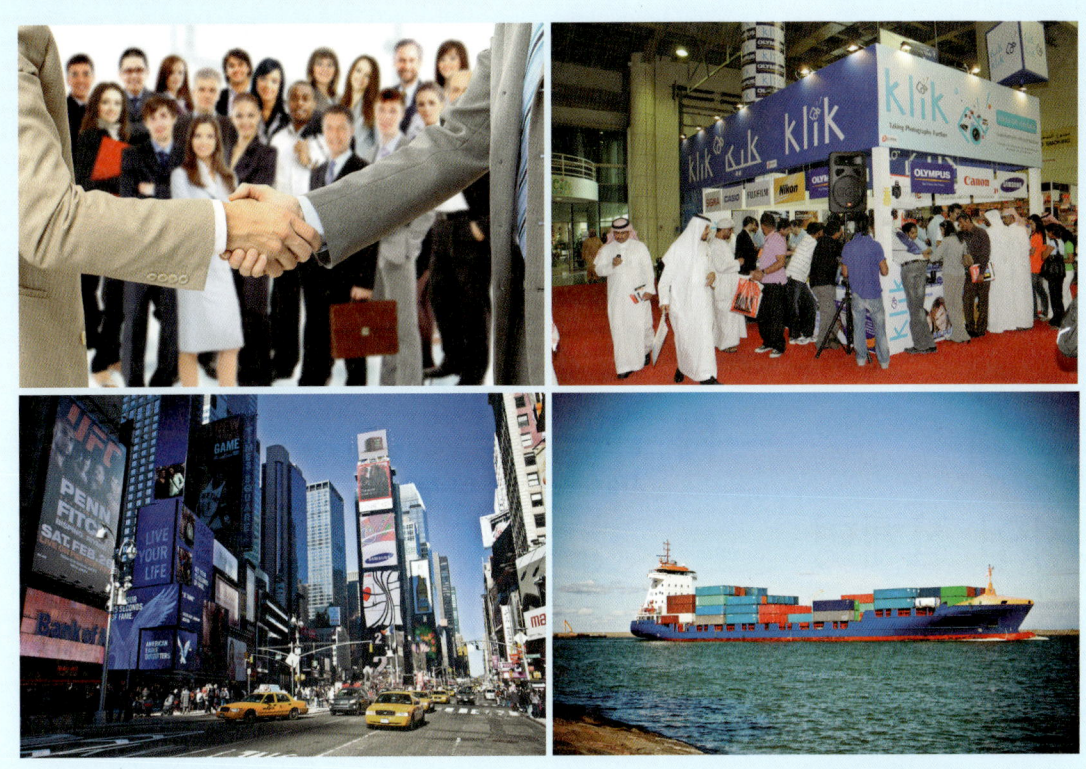

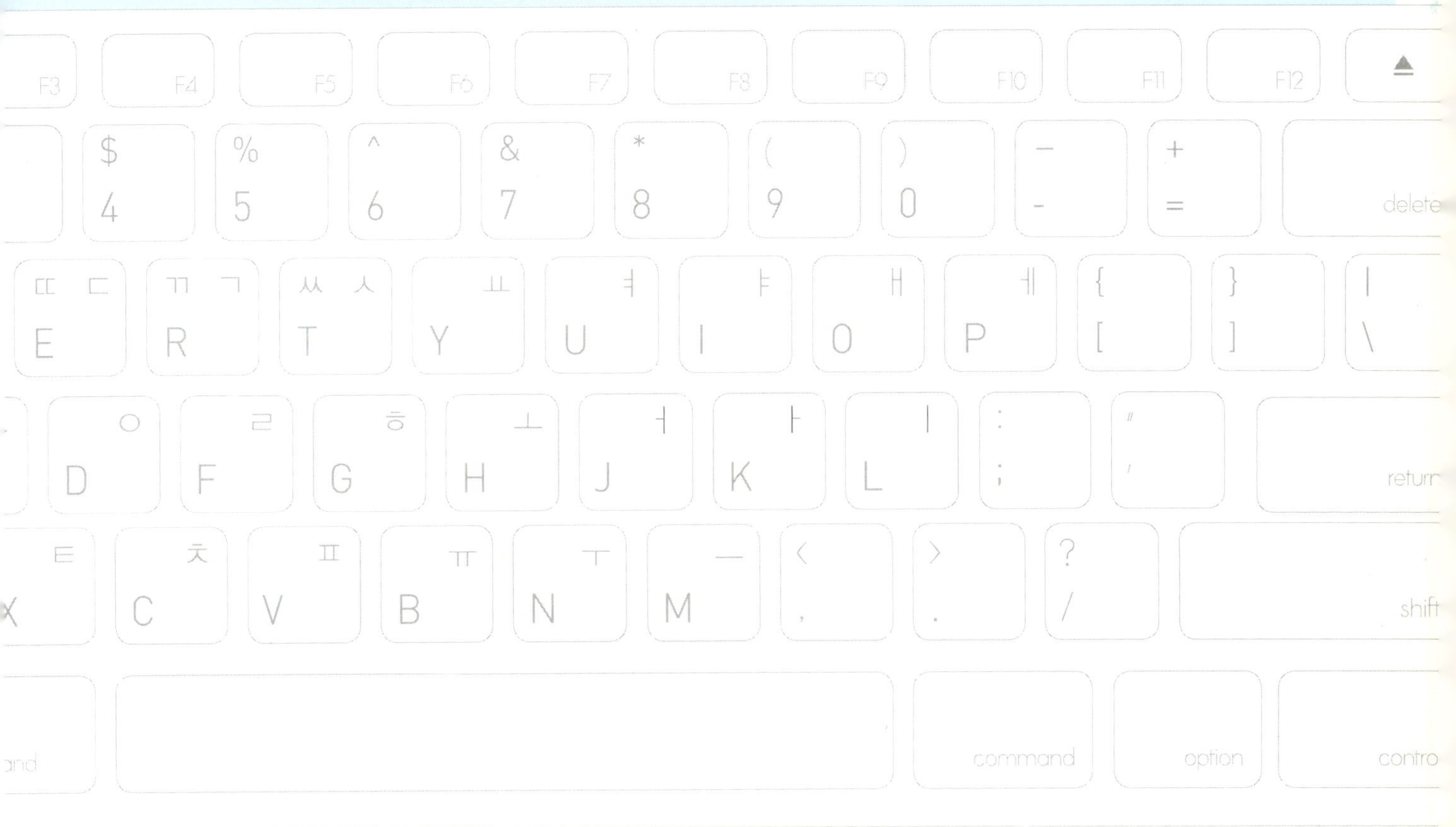
F3 F4 F5 F6 F7 F8 F9 F10 F11 F12
$ 4 % 5 ^ 6 & 7 * 8 (9) 0 – - + = delete
ㄸ ㄷ E ㄲ ㄱ R ㅆ ㅅ T ㅛ Y ㅕ U ㅑ I ㅐ O ㅔ P { [}] | \
ㅇ D ㄹ F ㅎ G ㅗ H ㅓ J ㅏ K ㅣ L : ; " ' return
ㅌ X ㅊ C ㅍ V ㅠ B ㅜ N ㅡ M < , > . ? / shift
command option control

11

창업 십계명

잊지 말고, 꼭 기억하세요. 창업을 위한
10가지 팁.

하나, 너 자신을 알라

너 자신을 알라. 좀 냉소적인 의미지요. 주제를 알라
거나, 분수를 알라는 말로 많이 쓰이니까요. 하지만
사업에서는 조금 다른 의미를 가지고 있습니다. 바로
'너의 장점과 필살기를 알래'라는 말입니다. 고객의
필요에 의해 내가 무엇을 할 수 있는지를 파악하는
능력. 창업 십계명의 첫 번째입니다.

둘, 자나 깨나 고객만을 생각하라

그런 말이 있지요. 1번. 고객은 왕이다. 2번. 만약 그
렇지 않다고 생각되면 다시 1번으로 돌아가라. 우스
갯소리지만 사업할 때 가져야 할 중요한 마인드를 잘
표현해주고 있는 말입니다. 고객의 필요에 맞는 제품
과 서비스를 만들어 내는 것. 창업 십계명의 두 번째
입니다.

셋, 하나라도 튀는 것을 만들어라

고객이 이해할 수 있는 범위 내에서 최대한의 창의력
을 발휘하는 것. 그래서 고객이 차마 표현하지는 못
했지만 원했던 것을 콕 집어서 제공해 줄 수 있는 것.
그게 바로 사업가의 능력입니다. 고객이 상상하는 것
을 구현해서 제공하세요. 특화된 상품을 만드는 것.
창업 십계명의 세 번째입니다.

넷, 선택과 집중하라

누구나 다 살 수 있다는 말은 그 누구도 안 살 수 있
다는 말이기도 합니다. 성공 창업의 조건은 내 제품
과 잘 맞는 고객을 선정하여 집중적으로 공략하는 것
입니다. 창업 십계명의 네 번째입니다.

다섯, 너를 위하듯 주위 사람을
위하라

자기를 사랑하듯 남을 사랑하면 돈이 보입니다. 관심
의 문제거든요. 창업자는 고객과 경쟁자, 자원 공급
자인 종업원과 투자자를 마치 나를 사랑하듯 사랑해
야 합니다. 그러다 보면 내가 원하는 것을 통해 남이
원하는 것이 보이겠지요. 관심과 애정. 창업 십계명
의 다섯 번째입니다.

여섯, 모든 것을 혼자 해결하지 마라

자원이 없는 CEO보다 더 위험한 것은 네트워킹이
없는 CEO입니다. 자금과 인력, 기술과 마케팅. 어느
것 하나 중요하지 않은 것이 없는 창업 초기에 혼자
서 모든 것을 다 하려는 것은 정말 위험한 발상이지
요. 창업 십계명의 여섯 번째입니다.

illustration by Byun Young-geun

일곱, 충분히 먼저 생각하고 열정적으로 실행하라

성급함은 꽤 많은 리스크를 남깁니다. 시행착오에서 오는 금전적 손해와 심리적인 타격, 위기 대처 능력의 감소 등. 단지 급한 마음 하나로 진행하다가는 큰 일 나지요. 충분한 생각을 통해 효율적인 방법을 만들어 내고, 열정적으로 실행하세요. 창업 십계명의 일곱 번째입니다.

여덟, 주위 환경을 이용하라

포춘 500대 기업의 CEO를 조사했더니 사업 성공의 열쇠는 운, 겸손, 노력이었습니다. 여기서 운이란 하늘에서 뚝 떨어지는 것이 아니라 주변의 기회를 자기 것으로 재빠르게 만드는 것을 말합니다. 주위 환경에 늘 촉각을 세우고 잘 활용하세요. 창업 십계명의 여덟 번째입니다.

아홉, 경쟁자를 이웃처럼 사랑하라

경쟁자가 없다는 말은 나 혼자 다 선점할 수 있다는 말이기도 하지만 안 팔리는 제품 시장이라는 뜻도 됩니다. 초기 시장에서는 경쟁자의 존재가 서로를 키우고 시장 존재를 구축하는 데 중요한 요소가 됩니다. 경쟁자에게 감사하세요. 그리고 배우고 이기세요. 창업 십계명의 아홉 번째입니다.

열, 마라토너가 되어라

창업을 해서 사업을 꾸려간다는 것은 목표를 향해 꾸준히 뛰어야 한다는 말입니다. 충분한 생각과 사전 준비를 통해서 꾸준히 뛰어가세요. 창업 십계명의 열 번째입니다.

하지만 이 모든 어려움들이 극복하지 못할 것들은 아닙니다. 초기 사업 모델을 만들기 전부터 충분히 학습하고 준비하면 잘 이겨내고 안정된 창업 3년차 이후로 진입할 수 있으니 자, 지피지기면 백전백승! 염두에 두시고 파이팅하시면 됩니다!

12
창업자의 위험도. 그때그때 다르답니다.

창업자가 사업을 시작하고 진행하며 당면하는 위험은 매 성장단계마다 다릅니다. 크게 창업기를 3개의 시기로 구분해 보면 창업전단계, 창업초기단계라 할 수 있는 창업 후 1년 이내, 창업후기라 할 수 있는 창업 후 3년 이내로 구분할 수 있는데 각 시기마다 부딪히는 위험은 다음과 같습니다.

첫 번째, 창업 전입니다. 예비 창업 단계라고 하지요. 이 시기에 만나는 위험은 견고하지 않은 사업 아이디어, 인력 확보의 미흡, 기술 시장 경쟁력의 부족, 사업 마인드 부족, 시장 성장 가능성이 미흡한 수익 모델, 사업 계획의 기반 부족, 전 직장과의 관계 정리 미흡, 초기 종잣돈의 확보 실패입니다.

두 번째는 창업 초기, 시장 진입 시에 발생하는 문제들입니다. 사무실이나 사업장을 확보하는 데 발생하는 어려움부터 매출로 이어지지 않는 시장 관심, 마케팅 인력과 파트너의 확보 실패나 일정에서의 어긋남, 지원 네트워크의 미흡 등 고비고비 넘어야 할 문제들이 많이 발생합니다. 뿐만 아니라 창업 CEO의 잘못된 철학, 잘 몰라서 발생하는 위법 행위들과 실행력 부족, 인력과 장비의 부족도 창업 초기의 기업을 어렵게 하는 문제들입니다. 그리고 꼭 이 시기쯤 함께 사업을 하겠다고 했던 창업 멤버들이 결렬되거나 자본이 마르는 위험이 함께 온답니다. 죽음의 계곡을 겪게 되는 것이지요.

세 번째는 창업 후기, 시장 확대기에 발생하는 문제들입니다. 이 시기에는 내부적으로는 조직 내 업무 조정의 어려움이나 자질 있는 내부 인력 확보의 어려움, 경영 목표나 전략의 부재에서 오는 혼란을 겪게 되고 외부적으로는 협상력 부족에서 오는 외부 파트너나 매출선과의 갈등, 투자자 유치의 어려움, 치열한 시장 경쟁, 협력 업체의 배신이나 시장성의 한계 등이 위험 요소로 떠오르게 됩니다.

13

마지막으로, 이것만은 잊지 마세요.

중소기업청만 잘 활용해도 기술 창업, 10배는 쉬워지고, 20배는 빨라집니다.

첫째. 충분히 큰 사업 규모 및 비즈니스 모델의 개발

대부분의 사업자들은 3~5년 매출 추정을 하며 사업 규모가 10억 내외의 사업 모델을 개발하는 것이 일반적입니다. 하지만 시장의 벤처투자자 입장에서 투자를 하거나 창업에 동참해서 사업을 파트너링하려는 인력 입장에서는 너무 작은 사업규모는 투자를 꺼리고 사업매력도가 떨어져 참여를 꺼리게 되지요. 충분한 타당성과 매력도를 가진 사업모델 개발은 시장에서 요구하는 성공창업의 전제조건입니다.

둘째. 특허 등을 기반한 우수하고 독특한 기술 요소를 확보한 사업아이템의 개발

정부가 창업을 독려하는 것은 기술창업이 핵심으로, 많은 정부자금들이 창업기업이 기술력을 확보하고 있을 것을 전제조건으로 하고 있습니다. 특히 시장의 벤처투자자도 독특한 기술력을 확보하지 않은 제품과 사업아이템은 투자고려 대상에서 제외하고 있답니다. 창업자 입장에서는 기술이 특허를 확보하고 있거나 우수한 기술개발기관 등에서 개발, 검증되었는지의 여부 그리고 해당 기술 개발 인력이 창업팀에 합류하고 있는지를 중시하기에 이를 확보하는 것이 중요합니다.

셋째. 고객의 편익이 충분히 계산된 윈윈구조의 제품(시제품)과 서비스

대부분의 창업기업들이 사업을 하며 제품이나 서비스를 개발하는 것을 보면 자신의 기술을 가지고 만들 수 있는 제품과 서비스를 만드는 것이 일반적입니다. 그러나 창업기업은 시행착오 비용을 줄이고 작은 시장개척 비용을 가지고 있기에 처음부터 시장에 잘 팔릴 제품과 서비스를 기획 개발하는 것이 중요합니다. 그러한 첫 단추는 제품이나 서비스를 개발하며 그것이 세상에 제공되었을 때 고객들에게 어떤 이익을 줄 수 있는지를 철저히 고민하고 타깃팅하는 것이 중요합니다.

넷째. 우수하고 결속력 강한 창업팀의 구성 여부

창업을 하며 성공사업의 실행을 담보하는 것은 우수한 인력이 제때 공급되었는지에 의해 결정됩니다. 중기청의 많은 창업지원 사업들도 1인 창업보다는 2인 이상의 팀창업에 더 큰 혜택을 부여하는 만큼 창업팀을 구성하는 것이 중요하답니다. 시장의 벤처투자자들도 투자를 결정하며 핵심경영진의 우수성과 결속력 등을 가장 중요한 투자 결정 요소로 보고 있습니다. 특히 창업팀을 구성하며 주의해야 할 것은 무조건 화려한 경력이 중요한 것이 아니라 해당 사업을 성장시키는 데 꼭 필요한 우수인력을 확보하고 이들의 결속력을 다지기 위해 함께 사업개발에 함께 노력한 흔적이 중요합니다.

다섯째. 합리적인 창업기업의 지분구조 구성 및 확보

기업을 창업하게 되면 기업은 중요한 성장자산의 하나인 주식이 생기게 되고 이 주식에 대한 소유권을 어떻게 가져가느냐가 기업성패의 중요한 요소입니다. 만약 주주 지분을 구성하며 창업자와 그 친인척이 지나치게 많은 지분을 확보하고 있거나 창업기부터 지분관계가 너무 분산되어 있어 사장의 충분한 지분이 확보되지 못하면 기업이 비준을 성장 자산으로 활용하는 데 어려움이 발생하게 됩니다. 따라서, 창업자 지분, 파트너 지분, 핵심경영진 지분, 외부투자자 지분 등을 잘 구성할 필요가 있습니다.

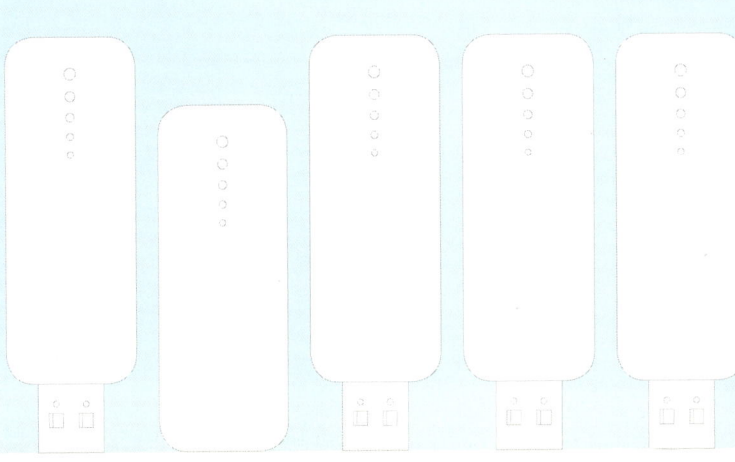